Comprendre
l'adolescent suicidaire

CORINNE DROEHNLÉ-BREIT

Comprendre l'adolescent *surdoué*

Comment apprivoiser mon zèbre

de boeck SUPÉRIEUR

Pour toute information sur notre fonds et les nouveautés dans votre domaine de spécialisation, consultez notre site web : www.deboecksuperieur.com

© De Boeck Supérieur s.a., 2018
Rue du Bosquet, 7 – B-1348 Louvain-la-Neuve

Tous droits réservés pour tous pays.
Il est interdit, sauf accord préalable et écrit de l'éditeur, de reproduire (notamment par photocopie) partiellement ou totalement le présent ouvrage, de le stocker dans une banque de données ou de le communiquer au public, sous quelque forme et de quelque manière que ce soit.

Dépôt légal :
Bibliothèque nationale, Paris : avril 2018
Bibliothèque royale de Belgique, Bruxelles : 2018/13647/066   ISBN 978-2-8073-1499-3

Sommaire

Remerciements 7

Prélude
  Deux ou trois choses que je sais d'eux 9

Introduction 11

Chapitre 1 L'arrivée du zébreau 19

Chapitre 2 Le difficile métier d'élève de l'adolescent
            au fort potentiel 31

Chapitre 3 L'autorité et la justice :
            de subtils ingrédients pour se construire 51

Chapitre 4 Le corps adolescent, ce mal aimé 65

Chapitre 5 Les relations 79

Chapitre 6 Après la tempête, le calme ? 87

Chapitre 7 Le zèbre face aux questions existentielles 105

Chapitre 8 D'où vient le haut potentiel et pourquoi
            tous les zèbres ne se ressemblent-ils pas ? ... 105

Chapitre 9   Fragilités identitaires chez les adolescents
           à potentiel spécifique......................... 115

Chapitre 10 Dresser ou apprivoiser le zèbre ?
           À propos d'un coaching possible............ 129

Postface
   Que sont-ils devenus ?...................................... 139
Annexe A... 141
Annexe B... 143
Annexe C... 145
Bibliographie... 149
Ressources utiles.. 153

Remerciements

Merci à tous les zébreaux, zèbres, zébrettes, zèbr'ados, zèbr'âgés et autres zèbres de toutes sortes et à leurs familles, à ceux que je connais déjà et à ceux que je rencontrerai encore.
Sans ma rencontre avec ces êtres riches et profonds, avec leurs familles, ma réflexion n'aurait pas pu être aussi nourrie et cet ouvrage n'aurait pas vu le jour.
Merci à mes collaborateurs, qui ont intégré le Cabinet Psy n Co que j'ai créé en 2012, et qui ont accepté avec beaucoup d'enthousiasme de se former à l'accueil des personnes à haut potentiel cognitif. Tous à présent, dans leurs disciplines respectives (diététique, ostéopathie, sophrologie, graphothérapie, thérapie adultes), prennent soin avec passion de ces sujets atypiques, à qui on pourrait penser que tout réussit et mais pour qui, surtout, tout est souvent compliqué !
Merci à mes proches, mon conjoint, mes enfants, qui, depuis que je me suis lancée dans l'aventure de l'écriture, n'ont cessé de m'y encourager en acceptant avec bienveillance que je consacre beaucoup de temps à coucher mes idées sur le papier, à m'installer dans ce métier d'écrivain qui n'est pas le mien.

Prélude
Deux ou trois choses que je sais d'eux...

Quoi de plus normal que la première difficulté rencontrée à vouloir faire un livre sur eux soit de les nommer, puisqu'ils ont tous en commun un problème d'identité ?
Handicap ? Atout ? Haut potentiel ? Précocité ? Intellectuellement précoces ? Si je les appelle surdoués, vous penserez les avoir discernés, mais eux, se reconnaîtront-ils vraiment ? Rien n'est moins sûr. Il vaudrait sans doute mieux qu'ils ne portent pas de nom. Oui, mais voilà, même s'ils n'en sont guère convaincus, ils existent...
Ce qui les caractérise vraiment, au-delà de cette quête d'identité qui les rassemble, et qui est somme toute à peu près l'inverse d'une qualité à proprement parler, c'est une pensée créative, qui s'attaque souvent à plusieurs domaines simultanément, mais aussi une angoisse existentielle, qui, si elle s'apaise de temps à autre, finit toujours par resurgir, les laissant orphelins d'une vraie identité.
Qui sont-ils enfin ? Et comment les reconnaît-on, à défaut de pouvoir facilement les définir ?
Il y a d'abord, bien sûr, le (trop) fameux Q.I., qui a plus de cent ans déjà, et ce premier test inventé par Alfred Binet, célèbre psychologue français, fils d'un médecin et d'une artiste peintre.
Celui-ci doit être supérieur à 130 et cet indice chiffré n'est qu'un premier critère d'identification, comme nous serons amenés à le préciser dans les pages suivantes.
Ce qui ne fait pas d'eux de très bons élèves, loin s'en faut.
Nous nous intéresserons aux nombreuses difficultés qu'ils rencontrent très souvent dans leur vie quotidienne, relationnelle, scolaire, sociale, bref dans tous les instants de leur existence. Ils sont trop différents et c'est bien là la difficulté qu'ils rencontrent.
Ce potentiel intellectuel élevé doit s'accompagner d'une habileté s'exerçant dans au moins un secteur : les mathématiques, le dessin, le sport, la musique, l'écriture, etc., et être soutenu par une forte créativité.

Cet ouvrage s'intéresse, s'adresse et est destiné en priorité aux adolescents dits intellectuellement précoces et aux jeunes adultes, mais aussi à ceux qui désirent mieux les connaître. Il s'appuie sur des faits que j'ai personnellement vécus au cours de mon expérience de praticien auprès d'enfants et de jeunes à fort potentiel. Un tel potentiel, comme son nom l'indique, n'est certes pas un handicap – c'est bel et bien un atout – mais il accentue les difficultés liées à l'adolescence : le mal-être que ressentent fréquemment les adolescents est chez eux plus précoce, plus fort et plus long. Généralement, ce qu'il est convenu d'appeler la crise d'adolescence survient après la puberté physiologique. Chez eux, les conflits la précèdent, dès l'âge de dix ans, puis sont exacerbés et perdurent à l'âge post-pubère.

Eux, ou plutôt vous, toi, doué, précoce, surdoué, zèbre, haut ou fort potentiel, ou de tout autre nom par lequel on a pointé cette singularité qui t'afflige et te distingue… Toi que j'ai suivi, tenté d'aider, de comprendre et de guider, toi que j'ai revu plusieurs années après ton adolescence, trop souvent paumé à l'entrée dans l'âge adulte, toi qui as autant de difficultés à t'insérer dans la société que tu en avais à te plier au cadre scolaire…

Je souhaite que les divers témoignages et les quelques réflexions issues de mon expérience et contenues dans ce livre t'aident à trouver le chemin singulier de l'épanouissement de ta personnalité, de ton individualité et de l'identité dont tu as besoin pour être heureux dans ce monde, pour que cette qualité particulière que tu possèdes ne reste pas à l'état potentiel, mais puisse se développer pleinement. Toi qui étais ado au moment où je publiais la première version de cet ouvrage et qui es adulte désormais, parfois parent d'un petit zèbre ou de plusieurs déjà, cette version complète la première et l'enrichit de nouvelles données et expériences. Parce qu'un haut potentiel ne se perd pas, contrairement à ce que la plupart penseront souvent quand ils traversent des échecs successifs, ados hier, jeunes adultes aujourd'hui, et toujours intellectuellement hautement doués ; car le haut potentiel tout comme ton ADN sont en toi et participent tous les jours à ce tu es et deviendras !

Introduction

Le cas de ces enfants et adolescents plus talentueux que les autres est devenu en quelques années un thème très médiatisé. Pourtant, malgré cette prise de conscience collective, de nombreuses questions subsistent pour tous les spécialistes qui s'intéressent à eux.

La première est celle du terme à retenir pour qualifier ces sujets pensants, de l'appellation à utiliser pour les nommer. La littérature anglo-saxonne utilise volontiers le mot générique « gifted », doué, tandis que l'on parle davantage dans les pays francophones d'enfant « surdoué », « intellectuellement précoce », « à haut potentiel », etc. Les appellations se succèdent et chaque auteur tente de s'en approprier une, rejetant les autres pour leurs imprécisions ou les malentendus qu'elles peuvent susciter.
Nous utiliserons préférentiellement dans cet ouvrage les expressions « potentiel spécifique », « potentiel particulier » ou « haut potentiel ».

Pourquoi ce choix ?

Parce que nous nous intéresserons particulièrement aux adolescents et jeunes adultes, et que certaines connotations des dénominations les plus courantes, que ce soit surdoué, intellectuellement précoce ou avancé (« petit génie », « enfant prodige », « premier de la classe »...), sont très inappropriées lorsqu'on s'adresse à des jeunes gens. En effet, un potentiel spécifique suppose que le jeune ainsi désigné possède des aptitudes latentes non exprimées, ce qui sous-entend qu'on puisse les mesurer sans avoir constaté leurs effets. Une aptitude peut rester virtuelle si elle n'est pas exploitée, alors même qu'il est possible de prouver son existence. Nous avons ainsi rejeté toute connotation de supériorité ou d'échelle de valeurs.

Mais parce que cet ouvrage touche avant tout à un jeune public, sa lecture sera par moment imagée, à travers une métaphore zébrée. En effet, vous avez constaté en prenant ce livre en main qu'il est destiné à un drôle de « zèbre ». Ce terme « zèbre », introduit par Jeanne Siaud-Facchin en 1999 dans son ouvrage *Trop intelligent pour être heureux ? L'adulte surdoué*, est repris sous ma plume, pour donner un ton à la fois léger et rude au sujet : léger, car tous, grands et moins grands, nous aimons nous identifier aux animaux, et la beauté du zèbre en séduit plus d'un ; rude, car le zèbre est indomesticable, farouche et finalement loin de nous, car personne ne « monte » un zèbre comme on « monterait » un cheval ou même un âne.

Alors cette créature aux surprenantes rayures n'est certes pas un âne, mais est-elle pour autant un si mauvais cheval ? Notre zèbre n'est pas facile à vivre et peut même se comporter d'une manière particulièrement sauvage. Mais n'est-ce pas là la rançon de l'étrangeté ? Pour toutes ces raisons et d'autres encore, ce livre s'adresse aux zèbres, zébreaux et jeunes zèbres de tous poils.

La seconde interrogation des spécialistes renvoie aux critères d'identification des potentiels spécifiques : à partir de quels éléments psychométriques et/ou cliniques est-il possible d'établir un tel diagnostic ?

Une définition souvent retenue par les chercheurs est tirée d'un rapport nord-américain[1] sur l'éducation des « gifted » : « enfants possédant un potentiel élevé dans un domaine […] identifiés comme tels par des personnes qualifiées […] grâce à des aptitudes hors du commun […] capables de performances élevées […] et faisant preuve de réussite et/ou d'aptitudes potentielles pour un des domaines suivants ou pour une combinaison de ces domaines : aptitude intellectuelle générale, aptitude dans une matière scolaire, pensée créative ou productive, compétences sociales, performances artistiques, aptitudes psychomotrices. »

Le potentiel spécifique peut donc être considéré comme un diagnostic. C'est pourquoi il ne peut être établi que par un professionnel maîtrisant la complexité de la question et, bien évidemment, une technique et des outils appropriés. Ce spécialiste doit en outre posséder la finesse d'analyse indispensable. À partir du moment où un tel diagnostic est posé, une démarche d'aide et d'accompagnement adaptée devient possible et souvent nécessaire.

Le risque de souffrance est corrélé avec l'âge auquel est formulé ce diagnostic. Plus il est réalisé jeune, plus le sujet peut se l'approprier et apprendre à vivre avec sa différence, assimiler sa spécificité. À l'inverse, un diagnostic tardif, à l'adolescence ou parfois même beaucoup plus tard, favorise l'apparition de troubles, dont certains peuvent devenir sérieux et parfois même invalidants.

---

1. Rapport Marland, 1972.

Comment définir ce qu'il est convenu d'appeler le haut potentiel ?

Le concept de haut potentiel est abordé aujourd'hui de façon plurielle par la plupart des auteurs. En effet, à partir de 1972[2], la conception de l'intelligence comme une unité, fondée essentiellement sur un quotient intellectuel et des épreuves verbales et logico-mathématiques, est abandonnée au profit d'une approche multiple de l'intellect. La prise en compte du potentiel spécifique repose à présent sur des critères variés, tels que la créativité, les capacités sociales, artistiques, musicales, etc. Les travaux de Gardner et de Sternberg sont des références obligées pour celui qui s'intéresse au haut potentiel.
Rappelons quelques notions de base de cette approche plurielle de l'intelligence : pour Gardner[3], on dénombre huit formes différentes d'intelligence, indépendantes les unes des autres, même si elles peuvent interagir :

- l'intelligence verbo-linguistique, l'intelligence logico-mathématique, l'intelligence visuo-spatiale, c'est-à-dire la capacité à penser en images, à se représenter des objets dans l'espace, à s'orienter dans l'environnement, toutes trois de plus en plus présentes dans les dernières versions des tests de Q.I. ;
- l'intelligence corporelle-kinesthésique, ou la faculté de penser *via* les sensations corporelles ;
- l'intelligence musicale, à savoir le fait de penser les rythmes et les mélodies ;
- l'intelligence interpersonnelle, ou l'aptitude à penser l'autre, à identifier les humeurs, les intentions, les motivations et les sentiments d'autrui ;
- l'intelligence intrapersonnelle, c'est-à-dire la capacité à se comprendre soi-même et à agir en conséquence ;
- l'intelligence naturaliste, c'est-à-dire la sensibilité à l'environnement, la connaissance et la compréhension de la faune et de la flore.

Pour Gardner, reconnaître toutes ces formes d'intelligence, c'est se donner tous les *moyens* d'identifier les sujets dotés d'un fort potentiel, et non seulement ceux dont les compétences ne seraient situées que dans les domaines académiques identifiables à l'aide d'un test de Q.I. (verbo-linguistique et logico-mathématique).

---

2. *Ibid.*
3. Psychologue américain cognitiviste dont les recherches sont issues d'études de cas et non de tests classiques.

La théorie de Gardner a eu quelques implications éducatives concrètes aux États-Unis.

La théorie de Sternberg[4], couramment appelée théorie triarchique de l'intelligence, cherche à expliquer, dans une démarche d'intégration, la relation entre :
- l'intelligence et le monde intérieur du sujet, c'est-à-dire les mécanismes mentaux qui sous-tendent le comportement intelligent : c'est l'intelligence analytique, laquelle présente des liens assez étroits avec les échelles de Wechsler (voir ci-après) ;
- l'intelligence et l'expérience, c'est-à-dire le rôle médiateur de l'expérience vivante des relations entre les mondes internes et externes du sujet : c'est l'intelligence pratique, la mise en œuvre des capacités d'adaptation ;
- l'intelligence et le monde externe du sujet, c'est-à-dire l'emploi de ces mécanismes mentaux dans la vie de tous les jours pour réagir et s'accorder à l'environnement : c'est l'intelligence créative, liée aux capacités d'automatisation des processus, qui permet d'être efficace dans des situations nouvelles.

L'approche des potentiels spécifiques se fait différemment aujourd'hui selon que l'on se situe dans le champ clinique ou expérimental.

Dans le domaine de la recherche, les professionnels s'efforcent en permanence d'affiner leurs outils, de les multiplier et de les diversifier, de façon à mieux définir et à cerner avec davantage de précision les populations de hauts potentiels. Celles-ci, cependant, puisqu'elles sont rassemblées à partir de bases de données préétablies ou à la suite d'appels à volontaires, ont naturellement tendance à être biaisées et ne sont donc pas toujours fiables. Comment, en effet, rassembler ou convoquer une population indéterminée dans le but d'en définir les caractéristiques ?

L'approche clinique se construit à partir de la demande individuelle d'un sujet à un moment précis de son existence. Dans ce cas, la personne concernée se tourne généralement vers le professionnel avec une demande d'aide, un désir de diagnostic et de compréhension, et dans une démarche de recherche de mieux-être. C'est l'être dans toute sa singularité et sa complexité qui est alors le sujet d'étude…

C'est de cette dernière approche qu'est issu ce livre. Il s'appuie sur la rencontre de plus d'un millier d'enfants, d'adolescents et de jeunes adultes à potentiel spécifique pendant près de trente années, certains n'ayant traversé mon cabinet que le temps d'un bilan, d'autres s'y étant arrêtés plus longuement, le temps d'une prise en charge. Parfois, deux générations se sont succédé.

Dans tous les cas, l'usage du diagnostic de potentiel spécifique a été réservé dans cet ouvrage aux sujets qui cumulaient au moins trois critères : un Q.I. élevé tout

---

4. Psychologue américain spécialiste de l'intelligence humaine et de l'éducation.

d'abord (supérieur à 130), des qualités créatives ensuite, et enfin un ou plusieurs domaines de grandes compétences (mathématiques, littérature, art, sport, etc.). Bien sûr, la connaissance de l'histoire cognitive, affective, environnementale et comportementale de la personne concernée est tout à fait nécessaire, et cette reconstitution de l'histoire singulière d'un individu, souvent en souffrance, cette mise en perspective des différents éléments issus de ses souvenirs permet une approche individuelle et une compréhension affinée du sujet.

Un Q.I. élevé : de quoi s'agit-il ?

L'approche métrique est le premier critère vérifié. En France, il n'existe pas de test spécifiquement conçu pour l'identification des sujets à fort potentiel intellectuel. Les outils employés usuellement sont les épreuves de Wechsler, des échelles qui se déclinent en trois versions, en fonction de l'âge :
- l'échelle WPPSI-IV, qui concerne la période préscolaire et primaire et s'adresse aux enfants âgés de 2 ans et demi à 7 ans 3 mois ;
- l'échelle WISC-V, qui s'intéresse aux sujets de 6 ans à 16 ans 11 mois ;
- l'échelle WAIS-IV, qui s'adresse aux adultes, dès l'âge de 16 ans.

Des items standardisés sont établis pour ces trois échelles à partir des réponses ou des manipulations des sujets d'un âge donné. Les différents items, plus ou moins nombreux en fonction de l'âge (de 6 à 10), s'analysent ensuite par secteur (verbal, visuo-spatial, etc.) et donnent lieu à des Q.I. intermédiaires. La synthèse de ces sous-échelles permettra le chiffrage de l'ensemble des items et définira le quotient intellectuel total (Q.I.T.).
L'adolescent d'aujourd'hui a en principe été évalué avec l'échelle IV ou V de Wechsler, qui correspond à la version la plus récente, datant de décembre 2016. Le WISC-V a connu de nombreuses modifications par rapport à la version précédente, tant par des abandons que par des ajouts de sub-tests. Cinq grands indices permettent à présent de calculer le Q.I.T :
- l'indice de compréhension verbale, I.C.V., basé sur deux items ;
- l'indice visuo-spatial, I.V.S., basé sur deux items ;
- l'indice de raisonnement perceptif, I.R.P., basé sur deux items ;
- l'indice de mémoire, I.M.T., basé sur deux items,
- l'indice de vitesse de traitement, I.V.T., basé sur deux items.

La synthèse de ces cinq indices permet de définir le quotient intellectuel total. Le potentiel ou potentiel spécifique sera confirmé si, et seulement si, quatre indices atteignent au moins 125, et si le Q.I.T. atteint ou dépasse 130. Seul le domaine de la vitesse de traitement s'analyse avec nuance et précaution et peut être plus modéré, les sujets à haut potentiel intellectuel manifestant souvent des difficultés à l'écrit et un stress marqué face aux épreuves chronométrées sur des durées brèves, comme c'est le cas pour les deux items de ce secteur.

Le potentiel spécifique se situe ainsi entre 130 et 160. Plus les valeurs s'éloignent de 130, plus il devient exceptionnel, voire rarissime. Par conséquent, le potentiel spécifique sera considéré comme modéré entre 130 et 135, accentué entre 136 et 140, très accentué entre 141 et 149 et rarissime au-delà.

Ces nuances sont importantes et permettent de saisir l'amplitude des valeurs intellectuelles.

> **TÉMOIGNAGE**
>
> *En septembre, après deux semaines de classe, Jules ne voulait déjà plus aller en classe et vomissait tous les matins, hurlant, se débattant et nous suppliant de le garder à la maison. Quelques semaines plus tard, le bilan nous révélait un Q.I. à 143, et enfin nous arrivions à mieux comprendre notre enfant, qui avait alors 5 ans. Par la suite, la psychologue nous a recommandé la lecture de différents ouvrages, mais aussi encouragés à nous rapprocher du milieu associatif, ce que nous avons fait. Et aux congés de novembre, mon mari et moi avons décidé de faire aussi évaluer nos deux autres enfants qui venaient d'avoir 9 ans : Noéline avait un Q.I. de 134 et Victor, son frère jumeau, de 126.*
>
> *Maman de Jules, Noéline et Victor*

À l'heure actuelle, en dépit des importants progrès des techniques de génétique moléculaire, aucune preuve d'un quelconque déterminisme génétique des forts potentiels n'a pu être apportée. Le gène de l'intelligence, s'il devait exister, n'est donc pour l'heure guère identifié ; par contre, une évidence mérite d'être soulignée : le milieu social dans lequel évolue le jeune zèbre a son importance et influence nécessairement son Q.I. Si un sujet doté d'un haut potentiel évolue dans un environnement porteur et stimulant, il sera plus rapidement révélé, mais aussi davantage renforcé, par l'exposition à des stimulations précoces et variées. On ne peut donc pas « fabriquer » un zèbre, mais un zèbre qui grandit dans un environnement nourricier sera souvent plus rapidement identifié, ce qui lui donnera l'occasion d'être continuellement nourri.

> ## TÉMOIGNAGE
>
> *Quand mon fils a été testé à l'âge de 11 ans, je me suis rendue compte que je fonctionnais comme lui depuis toujours, mais que mes parents avaient peut-être totalement inhibé mes aptitudes ; j'étais leur seule fille, ils avaient plus de 40 ans à ma naissance et c'est ma grand-mère, ancienne institutrice, qui s'est occupée de moi en grande partie. Chez elle, je devais me tenir tranquille, mon grand-père étant malade. Je n'avais pas le droit de faire du bruit, de parler à table, de jouer avec d'autres enfants à l'intérieur de la maison. J'étais ainsi quotidiennement mêlée à ses problématiques : les maladies, les rumeurs du village, les décès de ses copines, les prières que je devais réciter avec elle. Bref, aujourd'hui je dirais une vie d'enfant sacrifiée, mais à l'époque, je ne connaissais rien d'autre ! C'est sûrement pour cette raison que j'ai appris à 5 ans à lire toute seule, ou presque, en dérobant à ma grand-mère ses anciens cahiers d'école, pour m'évader de cet entourage austère et hostile. Après le test de mon fils, je suis donc allée faire évaluer mon niveau, et depuis, c'est comme une nouvelle vie. J'ai compris des choses, ou plutôt j'ai enfin pu mettre des mots sur ce que j'ai vécu et ressenti toutes ces années, pourquoi je me sentais si différente, pourquoi aucune fille de ma classe ne voulait de moi. Mes parents me disaient toujours que c'était normal, qu'on ne pouvait pas avoir toutes les amies que l'on souhaitait, que les autres étaient bêtes ; en fait, non, je n'ai pas été une enfant comme les autres, je crois que je n'ai d'ailleurs pas été enfant du tout.*
>
> *Élise*

S'il n'est pas rare que dans les familles, plusieurs enfants puissent présenter des profils de potentiel spécifique, car les pâturages intellectuels y sont nombreux, riches, variés et stimulants, il est cependant aussi possible que certains enfants présentent cette caractéristique, mais pas les autres. Par précaution, quand un enfant est repéré avec un potentiel spécifique, il est prudent de vérifier le niveau cognitif de toute la fratrie, car il existe des profils différents, comme nous le verrons au détour du chapitre 8, notamment des disparités assez significatives entre garçons et filles. Ces dernières se montrent souvent discrètes au sujet de leurs aptitudes et cherchent davantage à se conformer aux exigences sociales. Cette inhibition, à priori inoffensive pendant l'enfance puisqu'elle tend à conférer une image d'enfant parfaite, souvent « première de classe », peut avoir des effets ravageurs, notamment à l'adolescence, car ce qui ne s'exprime pas finit toujours par chercher à s'extérioriser, parfois sous la forme de divers symptômes ou troubles !

CONSEILS

Parfois, quand les fratries sont nombreuses, dans notre cabinet, nous proposons aux autres enfants de la famille un « pré-bilan », où seuls certains items du test d'intelligence leur sont proposés. Cette technique plus rapide permet de pré-déterminer s'il paraît opportun de poursuivre les investigations dans leur totalité ou si au contraire, dans l'immédiat, d'autres mesures semblent prioritaires. La passation d'un test de quotient intellectuel étant onéreuse, ces aménagements sont de plus en plus proposés. Le tarif d'un bilan psychologique complet, entretien inaugural, tests, analyses orales, écrites et perspectives, se situe actuellement entre 250 et 300 euros. Dans notre cabinet, nous nous efforçons toujours d'utiliser l'outil le plus récent, de rédiger nos conclusions dans un délai de 48 à 72 heures après la passation, de détailler les conclusions, de suggérer les suites à donner, afin de permettre aux familles de poursuivre en toute commodité leurs démarches, si elles devaient donner la main à un confrère. Dans l'hypothèse où les items sélectionnés présentaient des scores autour de la moyenne, il est alors souvent préconisé de réfléchir à l'intérêt de mener toutes les investigations ; par contre, si certains scores sont très élevés ou très faibles, la passation complète est encouragée. C'est bien sûr toujours la famille qui reste seule décisionnaire.

Pour les enfants âgés de 4 à 6 ans, nous proposons les pré-tests des similitudes, cubes, matrices et symboles, activités qu'il est possible de mener au cours d'une séance de 20 minutes.

Pour ceux âgés de plus de 6 ans, nous utilisons les similitudes, cubes, matrices, mémoire des chiffres et codes, activités qu'il est possible de mener au cours d'une séance de 25 minutes.

CHAPITRE 1

L'arrivée du zébreau

L'arrivée de certains zébreaux est marquée dès l'origine par certaines particularités émotionnelles. Soit il a su se faire attendre et désirer très longtemps, jusqu'à ce que la médecine lui donne le petit coup de pouce qui lui manquait pour venir au monde par exemple, soit, au contraire, il arrive trop tôt et sa vie démarre en couveuse. Il se peut aussi qu'il ait été abandonné, puis adopté. Bref, le plus souvent, sa vie débute dans l'incertitude, les doutes et les craintes, ce qui ne manque pas de faire beaucoup parler de lui. Tout semble se passer comme s'il lui fallait dès le début, des défis, des challenges et surtout un environnement particulier.

Pour d'autres, les débuts seront plus classiques, mais ils se feront quand même remarquer très vite. Pourquoi ? Parce que, très souvent, ils ne veulent ni téter, ni biberonner, ni dormir. Vifs très tôt, ils cherchent sans cesse à être portés, stimulés et entourés.
Mais voyons maintenant, de manière accélérée, les étapes qui mènent notre jeune zèbre de la naissance à l'adolescence…

Te voilà…

Souvent, tu es un petit dormeur, préférant la compagnie des adultes à celle de ton lit. Tonique, tu explores le monde dès ton plus jeune âge. Tu as plus les yeux ouverts que clos, tu cherches à attraper tout ce que tu vois, tu ne supportes pas beaucoup la solitude ni l'immobilité. La position couchée du landau ne te convient guère, les attaches du maxi-cosi guère plus ; tu veux être libre de tes mouvements et en capacité d'explorer. Un développement précoce t'a permis de répéter tout ce que tu entends. Avant 24 mois, tu t'exprimes fréquemment de façon très claire, passant directement des mots isolés aux phrases complexes et laissant ainsi le parler-bébé pour les autres. Tes phrases, correctement construites, émerveillent et séduisent ton entourage. Charmeur, doté d'un vocabulaire étrangement riche pour ton âge, tu t'efforces toujours de trouver le mot juste. C'est alors que tu te fais magicien. Quand tu mérites d'être grondé et sanctionné, tu sais argumenter et négocier, et tu réussis souvent à échapper à la frustration de la punition. Petit à petit, tu prends une place de choix entre tes parents, littéralement subjugués par ce bout de chou doté d'un tel langage et capable d'une telle présence dans la relation. Tu es également très réactif aux odeurs, aux bruits, au toucher, à la douleur. Tu peux ainsi crier car le chien vient de t'effleurer la jambe, te débattre pour retirer le collant que ta maman vient de te mettre car tu ne supportes pas le fil de couture qui te tiraille ta peau, te fermer les oreilles car ton papa passe l'aspirateur de table. Cette hyper réactivité à tous les sens laisse les adultes penser de toi que tu es capricieux, difficile, voire insupportable. Mais ce que tu ne supportes surtout pas, c'est la frustration. Tu n'apprécies guère la contradiction et tu as sans cesse besoin d'explications et de sens pour accepter de collaborer aux tâches du foyer. Pour cette raison, nombreux sont ceux qui te nomment « monsieur le curieux », car tes innombrables « pourquoi ? » précédent inlassablement chacune de tes actions. Tu ne collaboreras souvent que si les adultes te donnent maintes explications sur l'action à réaliser et que tu as pu par toi-même vérifier l'utilité de la réaliser. Dans le cas contraire, malgré les injonctions à coopérer, tu t'obstineras, parfois jusqu'à la sanction. Mais peu importe, toi, tu as besoin de savoir, de contrôler pour pouvoir te soumettre. Ton niveau d'énergie est élevé et tu n'as de cesse d'explorer tous les coins et recoins de ton environnement, de déplacer tout ce que tu vois. Mais tu peux aussi te concentrer très longtemps sur une activité qui t'intéresse. En revanche, quand tu es lassé par une tâche, tu peux soudain te montrer remuant et irascible.

L'arrivée dans la jungle…

Vient le temps de l'école maternelle. Du haut de tes trois ou quatre ans, tu t'engages avec beaucoup d'espoir sur le chemin de la socialisation, mais, hélas, tu découvres vite que cet environnement n'est pas vraiment adapté à tes besoins. L'école te paraît si étriquée, si répétitive, si ennuyeuse ! Les enfants de ton âge te semblent bizarres, serviles et inconsistants. Les adultes te rabâchent toujours les mêmes questions, te proposent sans cesse les mêmes tâches, les mêmes rituels... Ne se souviennent-ils donc pas qu'hier, avant-hier, avant-avant-hier, ils te répétaient déjà la même histoire éculée ? Ce trop petit monde te paraît alors austère, maussade et insipide. Malgré – ou à cause de – la foule d'enfants qui le peuplent, et en dépit de ses multiples jeux et activités, il t'accable.

Tu deviens alors méfiant, tu te sens incompris et tu te mets à t'isoler. Tu ne parles plus à personne, puisque personne ne parle ta langue. Tu fais peut-être semblant d'écouter, mais, pour tromper l'ennui, tu t'évades, tu vas retrouver les richesses de ton univers imaginaire. Parfois, tes centres d'intérêt sont perçus comme singuliers, voire étranges : tu peux par exemple t'intéresser au fonctionnement de l'univers, aux planètes et aux étoiles, aux hommes préhistoriques ou à l'écologie, bref te poser de profondes questions, tandis que nombre de tes camarades sont plus intéressés par leurs jeux de cour de récréation.

Dans de nombreux cas, ton attitude et tes résultats à l'école sont pour le moins déconcertants : soit tu ne viens jamais à bout de ton travail, parce que tu es perfectionniste et que tu refuses de le bâcler pour finir dans les délais impartis, soit tu « l'exécutes » en un rien de temps, puis le ratures, le biffes, le tritures et le défigures, tant il t'a fallu ronger ton frein avant l'arrivée de la maîtresse. Bref, il n'est pas souvent conforme aux exigences et aux normes scolaires. Tu n'es pas très ami avec l'écrit, traces dont tu te méfies, car tu comprends qu'elles peuvent te contrôler, te rendre docile, toi, l'indomptable ! Pourquoi tenir « en pince » le stylo ? Pourquoi dessiner un rond dans le sens inverse des aiguilles d'une montre ? Pourquoi écrire sur des lignes, pire encore, à l'intérieur de deux interlignes alors que ton cahier en comporte tellement plus ? Pourquoi mettre ta main sous ta ligne d'écriture et non à côté de celle-ci ? Pourquoi faire attention à *pousser, penser, monter la feuille* sur laquelle tu vas écrire au lieu de la laisser simplement droite devant toi ? L'écriture est un code et comme pour n'importe quel code, il faut s'y soumettre, sans discussion possible, ce qui n'est guère facile pour toi. Toutes ces restrictions t'angoissent, t'envahissent et tu cherches alors à t'en échapper, en faisant tout le contraire, comme en te désintéressant littéralement de la graphie. Ton dessin de bonhomme ne sera ainsi jamais accroché sur les murs de l'école, les cahiers de coloriage offerts par mamie ne seront jamais entamés, les couleurs n'auront pas besoin d'être taillées, elles seront utilisées à tout autre chose[1].

L'écriture est une activité motrice fine, hautement complexe et différenciée, longuement et difficilement construite, et par essence, fragile. Et puis écrire,

---

[1]. Ces observations, assez systématiques pour les garçons, le seront aussi parfois pour les filles, mais bien sûr aussi, certains zèbres et zébrettes sauront se révéler à travers les traces écrites.

quand on débute cet apprentissage, cela prend du temps, c'est laborieux, voire fastidieux, et oser prendre le risque de mal former sa lettre est inconfortable pour le petit zèbre. Il faudrait gommer, refaire, puis gommer à nouveau, toutes ces étapes sont longues, trop longues pour celui chez qui tout autre apprentissage va si vite !

Sous-alimenté par ton environnement éducatif, tu décides alors de grandir vite, le plus vite possible et par tous les moyens, pour – crois-tu – échapper enfin à l'école. Et là, tu mets à contribution ta famille, tes voisins, tes copains, le monde entier. Oui, tu remues ciel et terre pour dominer la lecture, sachant qu'elle est à portée de ta main puisque tu maîtrises l'alphabet depuis l'âge de trois ans ! Et voilà que tu commences à syllaber, de plus en plus et de plus en plus vite, et, finalement, à lire. L'univers cesse alors d'être muet, aveugle et sourd, il s'ouvre à toi dans son immensité : ta vie de lecteur vorace commence…

La vie dans la jungle

Maintenant que tu sais lire, tu vois l'école sous un autre jour. La steppe fastidieuse se mue en un terrain de chasse fastueux pour le prédateur de livres que tu es devenu. Tu passes ton temps dans le coin lecture, et, contrairement aux autres enfants qui se saisissent de tous les bouquins en moins d'un quart d'heure, tu choisis soigneusement le tien. Tu te l'appropries scrupuleusement, le cher compagnon qui te fera rêver et t'échapper de la réalité pour rejoindre ton monde, celui de l'imaginaire et du savoir. Tu ne l'abandonnes pas avant d'en avoir fait le tour complet, tu ne le relâches que lorsque plus une ligne, plus un mot n'ont de secrets pour toi.

Ton intransigeance te suscite souvent de l'opposition, te vaut pas mal de remarques désagréables et te fait quelques « ennemis », qui te trouvent égoïste, mais n'est-ce là pas le prix à payer pour se nourrir quand on vit dans la jungle ? Parfois, tu auras des compagnons plus âgés que toi, notamment si tu évolues au sein de classes à multi-niveaux, et tu pourras alors te trouver un camarade que tu sauras apprécier. Tu apprécieras souvent davantage de tisser des liens avec des camarades plus âgés, car tu te trouves probablement plus proche d'eux que de ceux de ton âge. En revanche, tu te lies aussi d'amitié avec les supports écrits. L'âge de l'exploration solitaire de la jungle de la vie est révolu : les livres, tous les livres, mais aussi depuis ces dernières années les tablettes, ces partenaires fidèles qui instruisent, comprennent, accompagnent et nourrissent si bien ta quête de sens et de savoir, ne te quitteront plus. Tu sais mieux que tes parents, et surtout plus rapidement qu'eux, taper le code qui déverrouillera l'ordinateur ou tout autre écran, pour aller visionner Cars, Tutitu ou Didou, etc. Il se peut que cette forte appétence pour le savoir se voie à l'école ; elle risque cependant de passer inaperçue, car tu préfères souvent la discrétion à l'exhibition.

Ce sont pourtant les plus tapageurs qui s'en tireront le mieux : eux seuls seront écoutés, testés, détectés, considérés et pris en charge. Ceux-là pourront parfois bénéficier d'un saut de classe et passer au cours préparatoire, à l'école obligatoire, un an avant l'âge réglementaire. Les autres, les petites zébrettes le plus souvent, plus calmes et plus soumises, passeront inaperçues à la maternelle et devront ronger sagement leur frein avant de pouvoir enfin pâturer dans les savanes luxuriantes de la grande école. Quoi qu'il en soit, la plupart des zébreaux se mêlent très vite aux conversations des adultes. Maîtrisant de mieux en mieux les noms et les idées, ils se risquent rapidement au maniement des jeux de mots et se dotent bientôt d'un sens de l'humour qui ne manque pas d'étonner leur entourage. Bref, c'est le temps de la naissance des zébrures.

CONSEILS

Pour réconcilier le tout jeune zèbre avec l'écriture...

Si votre enfant boude dès la maternelle le coloriage et, d'une manière générale, refuse de tenir un crayon entre ses mains, veillez à ne pas le laisser se désintéresser ainsi des traces écrites. Si, vers 40 mois, il n'a pas trouvé seul l'intérêt du tracé, ne l'abandonnez pas à ses propres désirs et invitez-le, grâce à la technique de la « pochette », à devenir l'ami du dessin. Choisissez pour lui un feutre, type ardoise blanche, de grosseur modérée et de longueur suffisante pour qu'il puisse reposer dans la commissure entre son pouce et son index. Prenez une feuille blanche, tracez-y un cercle en indiquant par une flèche, *de gauche à droite*, le sens du tracé. Insérez votre feuille dans une pochette transparente, type pochette de classeur A4, donnez en main le feutre à votre enfant et invitez-le à repasser votre tracé modèle directement sur la pochette. Repasser est un geste sécure pour l'enfant. La pochette offre un contact agréable et glissant et a l'avantage de lui permettre de s'autocorriger à moindre effort. Tracer un cercle de la gauche vers la droite, tel pourrait être le premier geste graphique à encourager chez votre enfant. Puis, quand ce tracé sera acquis, habillez votre cercle par des yeux, un nez, une bouche, et voilà l'esquisse du visage humain !

École de la jungle ou jungle de l'école ?

Te voilà à la grande école. Avec un peu de chance, tu as attiré l'attention sur toi par ton comportement singulier. Ton exubérante curiosité t'a valu d'être repéré pour ce que tu es : un petit bout aux aptitudes très particulières. Tu réduis donc d'une année ton temps à l'école maternelle. Les autres, hélas, devront atteindre l'âge standard pour faire leur entrée dans les apprentissages, en lecteurs confirmés pour beaucoup. Mais avec ces nouveaux défis viennent aussi de nouvelles difficultés. Trop vite fini, ton travail manque du soin que l'adulte réclame et que seul l'effort soutenu que tes petits camarades sont contraints de fournir te permettrait de cultiver. S'il est vrai que l'école de nos jours n'exige plus qu'une écriture efficace, c'est-à-dire qui obéit aux trois critères de la lisibilité, de la rapidité et de l'absence de douleurs (aux doigts ou poignets), le soin des copies, des évaluations ou autres productions est quant à lui toujours d'actualité et exigé. Ta rapidité perturbe le rythme de la classe. Ta déroutante maîtrise de la lecture te dessert plus qu'elle ne t'aide… Plus proches de celles du maître que tu anticipes que de celles de ses petits apprentis que tu attends, tes capacités semblent déplacées.

Tes dons incongrus ne sont pas toujours des cadeaux pour ton entourage ! Lecteur et calculateur trop rapide, trop habile, tu déranges, tu troubles, tu interpelles. Ton sens aigu de la justice te fait réagir avec une émotion souvent excessive et incontrôlée. Tu refuses les promesses non tenues, le rabâchage, l'attente muette, inerte et inepte à laquelle on te contraint. Tu refuses aussi la maîtresse remplaçante que tu trouves incompétente et hésitante, tout comme l'activité promise la veille qui sera repoussée à une date ultérieure, non précisée. Mais cette absence de précision t'affole, t'inquiète et te submerge au niveau émotionnel. Il arrive que ton mal-être soit remarqué.

> **TÉMOIGNAGE**
>
> *Je m'ennuie à l'école. Je l'ai déjà dit à mon maître, mais il ne me donne que des feuilles et des feuilles à remplir pour m'occuper. Tout ça, je sais déjà le faire. Moi je crois que c'est à l'école qu'il faut travailler et pas à la maison, mais si à l'école on ne me donne pas de travail, pourquoi dois-je encore y aller ?*
>
> *Adèle, 6 ans, Q.I.T. = 135*

L'insistance de tes parents aboutit parfois à un bilan. Tu es donc identifié et tu peux alors fusionner les deux premières classes. Ce changement de braquet dans ton cycle te permet ainsi de déployer des forces insoupçonnées, d'exercer enfin toutes tes aptitudes…

Si tu es ainsi découvert, à demi perdu dans sa brousse, tu acceptes toujours de prouver ce dont tu es capable. Tu as un besoin vital, en effet, d'être identifié, reconnu, admis, et de te savoir aimé pour ce que tu es : un poulain sauvage pas si différent des autres, somme toute, à quelques magnifiques rayures près…

D'autant qu'un zèbre n'est pas zébré de la même façon partout. L'équilibre parfait des aptitudes n'existe pas. La plupart des élèves à haut potentiel, en effet, sont « dyssynchrones »[2] : ils présentent un contraste plus ou moins prononcé

---

2. *Les Enfants surdoués ou la précocité embarrassante*, Jean-Charles Terrassier. Éditions ESF, Paris, 2011.

entre une intelligence subtile, aiguë, flamboyante, et une immaturité affective. Ces dissonances se télescopent parfois, faisant de cet enfant un enfant aux âges multiples. Trop souvent, ces décalages sont repérés et lui sont renvoyés comme autant de graves incompétences scolaires : « Tu sais peut-être lire, mais tu ne sais même pas lacer tes chaussures ! » L'écrit est aussi fréquemment stigmatisé : le graphisme reste longtemps infantile, précipité et peu soigneux.

Un mot sur l'écriture

La plupart de ces élèves aiment écrire, mais sont de piètres calligraphes : trop vifs, ils sont fâchés avec l'écriture cursive et lui préfèrent souvent l'ordinateur, plus rapide. La main se traîne loin derrière la pensée et le soin exigé par l'école les ennuie profondément...

Pour eux, le fond prime sur la forme, et qu'importe le flacon ! Seulement voilà : la fonction de l'école est exactement inverse : pour former, elle informe, formule et formate. Pour arriver à ses fins, elle façonne. Elle se focalise sur l'aspect de la bouteille aux dépens de l'ivresse du sens. Contrairement au zèbre, à l'esprit indépendant, elle est très à cheval sur l'étiquette : elle privilégie la forme, plus saisissable, au détriment du fond, moins directement scolaire.

Pour certains zèbres, une dysgraphie sera diagnostiquée, à savoir un trouble abîmant l'écriture et affectant son tracé. L'écriture manuelle est alors soit trop lente, soit illisible, soit fatigante, et sollicite un réel effort cognitif ; les enfants dysgraphiques ne parviennent pas à automatiser l'écrit pour en faire un outil rentable pour accéder aux apprentissages et cherchent à échapper aux tâches graphiques, par toutes sortes de stratégies. Ces élèves seront bien sûr accompagnés afin de parvenir à enrayer leurs anomalies de la conduite du trait dans l'écriture, mais auront aussi des activités de coordination motrices à faire chez eux. Souvent chez les élèves à haut potentiel, les dysgraphies sont impulsives ou réactionnelles, c'est-à-dire que leur geste est rapide, avec un mauvais contrôle, entraînant une perte d'organisation sur la feuille. Pour eux, écrire manuellement est une perte de temps, un gaspillage de matériel et comme leur tête

> **CONSEILS**
>
> Quand un enfant est diagnostiqué à haut potentiel, il devrait toujours être confié à un graphothérapeute, à l'image de ce qui se fait dans notre cabinet. Le graphothérapeute, parfois aussi anciennement enseignant, après avoir effectué un bilan (test de vitesse, d'appui, de bonne acquisition des signes de base du graphisme, du bon tracé des lettres), pourra définir son niveau graphique, et si des difficultés ou déjà des retards étaient identifiés, bien sûr les enrayer. Il aura la charge de revoir les fondements du geste graphique : la position dans laquelle on tient ses doigts sur le crayon, la position de la main sur la feuille, la position de la feuille, les positions corporelles qui procurent le confort et participent à l'aisance graphique.

comprend si vite, la lenteur de leur main les irrite et rapidement, ils ne veulent plus se confronter aux lignes du cahier. En s'entraînant de moins en moins, le retard s'installe, car écrire est une activité motrice complexe, de construction longue et difficile pour chacun, dont la maîtrise demande plusieurs années et de l'entraînement sans relâche, que l'on soit intellectuellement avancé ou pas.

> **CONSEILS**
>
> Dans tous les cas de figure, que l'élève soit accompagné au niveau graphique ou non, le graphothérapeute devrait se mettre en lien avec les équipes scolaires, pour indiquer les recommandations à suivre en termes d'exigence et de rythme graphiques et cette alliance avec les enseignants est toujours très favorable pour tous, ces derniers étant souvent démunis face à ces élèves, brillants et participatifs à l'oral, mais insoumis et en souffrance à l'écrit. Prendre contact avec les équipes scolaires, pour négocier des aménagements, mais aussi informer et souvent rassurer les enseignants, devrait toujours faire partie de la prise en charge, le seul intérêt étant celui de l'enfant et de son bien-être en classe. Quand l'enfant est jeune, c'est-à-dire avant 6 ans, et quand son bilan n'a pas révélé de particularités, une séance en présence de ses parents se révèlera souvent utile pour le sensibiliser de façon très précoce, aux manipulations motrices, à l'utilité de la main et à ses pouvoirs extraordinaires, afin de limiter toute inhibition future. Il est bien sûr important de ne pas attendre les difficultés pour vouloir y remédier, mais de les anticiper, en veillant le plus tôt possible à mettre en valeur les compétences manuelles et notamment motrices.

Ces enfants, qui ont une vision globale et une pensée en arborescence, ont souvent du mal à rentrer dans la logique de l'écrit, qui nécessite une vision du détail et une pensée plus séquentielle. Cependant et contrairement aux idées reçues, il n'est absolument pas trop tard pour rectifier, changer, améliorer la tenue du stylo, la gestuelle, les positions, que ce soit au courant du cycle 3, 4[3], voire au lycée. Des activités sur le smartphone ou la tablette lui seront souvent suggérées, car plus attractives, où l'enfant pourra par exemple, en posant le téléphone sur une feuille de papier, voir apparaitre sur l'écran le visage d'un animal, qu'il devra compléter, en lui dessinant ses oreilles, son corps, ses pattes, etc., mais sur la feuille. Marier l'écran à l'activité graphique sur le papier est un défi à gagner pour permettre à ces élèves de donner satisfaction à leurs enseignants, mais aussi pour équilibrer leurs aptitudes et leur donner envie de dessiner, puis plus tard d'écrire. Savoir lire dès 5 ans est bien, mais

---

[3]. Le cycle 3 correspond aux trois dernières années de l'enseignement primaire en Belgique, en Suisse et au Canada, le cycle 4 aux trois premières de l'enseignement secondaire. Vous trouverez un tableau d'équivalence à l'Annexe A.

si l'enfant ne sait pas écrire simultanément, il sera en souffrance en classe et tout le travail des professionnels est d'œuvrer en faveur de la meilleure harmonie possible. Lire et écrire sont deux apprentissages qui sont menés de front à l'école, car le savoir de l'un, alimente le savoir de l'autre ; mais pour le zébreau, l'apprentissage de la lecture s'est la plupart du temps édifié en autonomie, très facilement, sans grande aide donc ni soutien de qui que ce soit, et la sensibilisation à l'écrit n'a pas eu lieu. Lui veut lire pour apprendre, pour découvrir de nouvelles choses ! Écrire servirait à transmettre, mais là n'est pas son objectif premier. Par ailleurs, l'élève à haut potentiel est souvent un perfectionniste et quand il s'aperçoit que sa qualité graphique est imparfaite, il est frustré, déçu et préfère alors désinvestir l'écrit.

TÉMOIGNAGE

– Je déteste l'école, c'est un endroit où il faut toujours faire ce qu'on nous dit de faire. Moi je n'aime pas être commandé et je préfère travailler quand mon cerveau me dit de travailler.
– C'est quand ?
– C'est quand il se pose des questions. S'il sait déjà, il ne veut pas faire, et surtout pour faire des choses intelligentes.
– C'est-à-dire ?
– Déjà, ne pas écrire ou copier des textes, mais plutôt inventer des réponses, trouver des réponses à des problèmes, faire des calculs aussi.

Alexandre, 7 ans, Q.I.T. = 139

CONSEILS

Pour aider l'enfant à s'approprier les traces écrites et à travers elles, toute la motricité fine, de nombreuses activités du quotidien peuvent se révéler efficaces. Encouragez-le alors à effectuer les activités suivantes. Ciseler la ciboulette pour les tomates, couper les fruits pour la salade, servir les boissons, ouvrir et verser les biscuits apéritifs dans les ramequins, mettre la table, démêler les cheveux de maman, mettre des barrettes ou des bigoudis à mamie, écrire la liste des achats, toucher toutes sortes de textures, boutonner, couper, peindre, colorier, transvaser, arroser, pelleter, tricoter, etc. sont autant d'activités mêlant jeu et mouvement à introduire dans le quotidien de l'enfant, pour qu'apprendre à se servir efficacement de ses mains devienne naturel, sans douleur et surtout plaisant. L'équiper d'un tableau blanc, d'un bureau à sa taille, l'encourager tous les jours à réaliser une tâche graphique seront autant d'initiatives à prendre pour éviter des dysgraphies à terme. Dans notre cabinet, nous les présentons dans des fiches-ressources dont les parents peuvent se servir comme d'un guide. Apprendre avec sa tête, mais apprendre aussi et en même temps avec son corps et notamment avec ses mains, telle est la démarche à encourager.

Après et hors de l'école

Si l'école suffit généralement à étancher la soif de connaissances des enfants de leur âge, les petits zèbres, bien plus que d'autres, éprouvent le besoin d'investir leur temps libre dans une quête insatiable des savoirs. Les pâturages de ces spécialistes des « pourquoi ? » débordent alors largement le cadre scolaire. C'est là, bien souvent, qu'ils expriment enfin leur vraie personnalité de têtes chercheuses. Mus par une inlassable curiosité, ils se mettent à toucher à tout, sans vraiment s'attacher à rien : ils enchaînent activité sur activité, mais réussissent rarement à s'ancrer dans la durée. Plus qu'une inconstance particulière, c'est leur extrême vivacité d'esprit qui leur donne rapidement le sentiment d'avoir fait le tour d'un apprentissage, le plus souvent après une ou deux années de pratique seulement. Seulement, un an, c'est très long pour un petit zèbre ! Ces abandons récurrents de ses engagements ne favorisent malheureusement pas son intégration sociale. Une fois repu, le zébreau abandonne le troupeau sans états d'âme, peu soucieux de l'amputer d'un de ses membres, puisqu'il n'a généralement pas cherché à s'y faire une place active. Il révèle alors sa tendance à être une créature à l'engagement plus individuel que collectif… Si cet individualisme peut aussi exister chez d'autres enfants, il est assez marqué chez les zèbres, du fait de leurs regards exigeants et intransigeants sur la vie. Le rythme « TGV » qui les habite les ramène plus vite que les autres à une nouvelle gare, point de départ pour de nouvelles destinations !

> **TÉMOIGNAGE**
>
> – Moi, je ne suis pas comme mes copines, je n'aime pas participer à leurs jeux dans la cour récré. Je préfère marcher parce que ça m'aide à réfléchir.
> – À quoi ?
> – À tout ce que je vois autour de moi, à comment ça fonctionne ou pourquoi ça fonctionne.
> – Tu as des exemples ?
> – Comment fonctionne la lumière, je veux dire l'électricité, pourquoi l'eau est transparente, pourquoi on ne peut pas arrêter le temps, des questions comme ça.
>
> *Élysée, 9 ans, Q.I.T. = 146*

Les activités les plus investies dans la durée sont généralement celles qui impliquent difficultés et défis : échecs, plongée, modélisme, musique, équitation, etc. Elles ne sont alors plus vécues sur le mode de la répétition et de la redondance, mais sur celui de l'exploration toujours possible. Les exercices collectifs sont souvent délaissés au profit de rencontres en petit groupe, où le choix du partenaire n'est pas fait en fonction de l'âge, mais selon les niveaux de compétences.

Malheureusement, quand les zébreaux auront grandi, nombre d'entre eux n'auront comme seul partenaire que leur cher ordinateur, leur « ami » fidèle, toujours prêt, sans exigences particulières, ne réclamant ni préparatif ni engagement, n'ayant même pas besoin d'être rangé et disponible en un tournemain…

Souvent aussi, l'équitation restera une activité attractive qu'ils garderont pendant l'adolescence et ils développeront une réelle passion et empathie pour le cheval, ce cousin du zèbre, certes uni, mais domptable et fiable ! Beaucoup d'entre eux, notamment les filles, iront d'ailleurs vers des filières équestres pendant leurs années de collège, non pas pour en faire nécessairement un métier, mais parce qu'elles trouveront dans le cheval, un allié qui saura les comprendre, les respecter et les aimer, elles qui souvent, n'auront pas su trouver jusque-là de véritables amitiés. Et dans le monde équestre, qui est souvent rude et parfois même hostile, on ne se préoccupe pas de la forme, mais de l'essentiel : de l'amour pour l'animal et de la recherche de son bien-être et être ainsi au cœur du sujet et non pas préoccupée par des formalités, des conventions, le bien habillé, le dernier maquillage à la mode ou le bien se comporter, va si bien aux zébrettes !

À propos de l'équitation

Force est de constater que parmi les trois activités les plus pratiquées durablement par les enfants à haut potentiel (pratique supérieure à 3 ans), nous trouvons en tête du hit-parade l'équitation, suivie de la musique puis des jeux d'échecs. L'équitation reste ainsi une activité attractive pour ces enfants sensibles, qui, à défaut de réussir à s'entendre avec leurs pairs, vont investir leur amour dans le cheval. C'est en effet le seul sport qui se pratique avec un animal, allié précieux, à la fois puissant et sécurisant. Le cheval est authentique, ne juge pas, ne distingue pas l'enfant en avance de celui qui serait en retard, ce qui explique sûrement en grande partie pourquoi il rassemble souvent autour de lui des personnes aux profils particuliers. Cet animal puissant et doté d'une certaine force est aussi doux, chaud, plein de rondeurs et agréable au toucher ; il réveille ainsi le registre sensoriel et plus encore celui des enfants à haut potentiel, chez qui celui-ci est déjà exacerbé. Ils vivent ainsi là une expérience forte et inédite, disant parfois qu'ils parlent « cheval », tant ils se sentent en osmose avec l'animal. Par ailleurs, pouvant évoluer au sein de l'activité, ils ne s'en lassent pas et certains après avoir acquis les Galops de cavalier, passent aux Galops de voltigeur ou de dressage.

Le cheval deviendra ainsi pour certaines une passion de tous les instants, le haras un refuge où elles passeront la presque totalité de leur temps libre, mais aussi parfois, après quelques années de dévouement total, un piège, car leurs hautes potentialités seront vite cernées, leur travail acharné les fera remporter de grandes victoires et trophées, ce qui entraînera parfois aussi de vives rivalités, souvent avec les plus anciens ou encore avec les hommes, qui verront d'un mauvais œil l'arrivée de ces jeunes filles passionnées et sans limites.

> **TÉMOIGNAGE**
>
> *J'ai passé toute mon enfance à l'équitation et, à partir de 14 ans, pendant l'été, j'encadrais les plus petits pour les initier au monde équestre. Ma mère disait toujours que le haras était ma deuxième maison et c'est vrai, j'y passais tout mon temps libre. C'est là-bas que je me sentais vraie, que je n'avais pas besoin de jouer un rôle ou besoin de faire semblant, car dans ce milieu-là, on est tous pareils. Pas de chichi, bottes et bombe, et c'est le cheval qui fait la loi.*
>
> Clarisse, 17 ans, Q.I.T. = 138

Carte d'identité du jeune zèbre

Nom : « monsieur questions », « mademoiselle sensible », « zèbre », mais parfois aussi des surnoms moins flatteurs.

Caractéristiques générales : curiosité dévorante, hypersensibilité, sens aigu de la justice, tempérament plutôt farouche.

Caractéristiques intellectuelles : excellente mémoire, étonnante capacité à comprendre et à assimiler des informations de toutes sortes de façon simultanée, fascination pour les nombres et les relations qu'ils entretiennent entre eux, attachement obsessionnel à des sujets liés aux savoirs fondamentaux : préhistoire, planètes, mythologie, volcans, ordinateur et internet…

Caractéristiques relationnelles : plus solitaire que solidaire, éprouve généralement des difficultés à intégrer un groupe, recherche la compagnie d'adultes ou de pairs plus âgés, suscite de façon intense l'intérêt (petit chef) ou le rejet (dénigrement, isolement).

Centres d'intérêt : lecteur pressé et inassouvi, il se nourrit volontiers de dictionnaires, d'encyclopédies, se passionne pour les origines de l'Homme, de l'univers et de la vie, se soucie particulièrement des grandes questions existentielles. Ses engouements sont souvent fugaces : il en cerne trop vite les contours.

Troubles psychologiques potentiels : manque de confiance en soi, insomnie, tics, énurésie, encoprésie, maladies psychosomatiques, troubles du comportement et de l'humeur, troubles identitaires et alimentaires.

CHAPITRE

2

Le difficile métier d'élève de l'adolescent au fort potentiel

Qui dit fort potentiel dit évidemment capacités intellectuelles exceptionnelles, dispositions étonnantes pour apprendre, mémoriser, comprendre, maîtriser, imaginer et créer, mais pas nécessairement réussite à l'école. Loin de là. Dans ce chapitre, nous verrons comment concilier au mieux haut potentiel et scolarité.

Les rayures, comme toute différence – et une aptitude peut-être plus encore qu'une différence –, ça se remarque dans un troupeau. On se souvient de la maîtresse d'école de *La Gloire de mon père*, reprenant sans aménité le petit Marcel Pagnol pour avoir enchaîné la lecture des voyelles dès la première leçon, alors que les autres éprouvaient bien de la peine à les ânonner : « Quand on sait, on se tait, petit singe savant ! » De fait, il n'est pas rare que le zébreau soit visé par des rappels du style : « Si tu es aussi intelligent qu'on le dit, prouve-le ! », ou « Décidément, tu caches bien tes capacités… », ou encore « Avant de t'intéresser aux atomes, apprends donc tes tables de multiplication… »

La logique voudrait que capacité rime avec scolarité. Dans les faits, c'est généralement l'inverse qui se produit : les trajectoires scolaires sont le plus souvent chaotiques, décousues, voire interrompues, tant les hautes potentialités génèrent fragilité, incompréhension et inadaptation, et plus encore si l'élève n'a pas été identifié comme tel (par exemple si un bilan n'a pas été réalisé). Pour nombre d'entre eux, réussir à l'école devient alors un véritable défi, mais simplement y aller requiert déjà un effort incommensurable.

La réussite scolaire préoccupe les parents, tout comme elle agite les enfants et les adolescents eux-mêmes. C'est à l'école qu'ils passent le plus clair de leur temps. C'est là qu'ils seront « examinés », évalués, jugés, acceptés ou rejetés. L'école apprécie l'élève de façon positive ou négative, selon les notes qui lui sont attribuées et son comportement. Même de nos jours, au bout de « dix bons points ou têtes qui rigolent », on gagne encore une « image », une image de soi... La note conserve toute son importance ; elle situe l'élève sur une échelle de valeurs. Notre zèbre, pas plus qu'un autre, ne peut y rester insensible ; et le bulletin de notes se transformera un jour en bulletin de salaire...

Pourquoi ces élèves au Q.I. élevé ne développent-ils pas toujours tout naturellement leurs aptitudes sur les bancs de l'école ? Que faire si celle-ci demeure dans l'incapacité de répondre à leurs besoins spécifiques ? Et que penser des sections réservées aux élèves dits « en avance » ?

Il y a bien sûr des élèves pour qui la scolarité se passera sans grandes embûches. Ils semblent tout de même minoritaires. Pour les autres, ni les rythmes, ni les matières, ni les modalités d'enseignements ne semblent correspondre à leurs besoins. Dans ce cas, les difficultés et les souffrances surgissent souvent tôt ou tard. En tant que parent, y être préparé est déjà un premier pas vers un accompagnement plus efficace.

TÉMOIGNAGE

J'ai commencé à apprécier l'école à partir de la 6ᵉ, quand j'ai pu intégrer une section « arts du spectacle ». Le fait de travailler sur des projets, de pouvoir s'exprimer réellement m'allait bien. Je faisais partie d'un groupe de 4 filles. J'avais toujours plein d'idées qui les étonnaient, et comme elles étaient moins imaginatives que moi, ça leur allait bien. On avait toujours les meilleures notes et même les profs nous présentaient en exemple. Ensuite, en 4ᵉ, je me suis engagée dans un comité qui avait en charge la rédaction du journal de l'école : avec des élèves de 3ᵉ, on devait rédiger des nouvelles et faire des interviews. Ces années ont été superbes pour moi. Je me suis enfin sentie reconnue, utile et aussi un peu normale.

Suzanne, 17 ans, Q.I.T. = 133

L'élève au fort potentiel a souvent perdu confiance en lui pendant son passage dans les classes élémentaires, et, pour avoir entendu une kyrielle de leçons identiques, il a fini par les désapprendre, il s'est désintéressé du programme et a désinvesti l'école, au point de se sentir totalement abandonné.

Affamé, le zébreau a déserté les pâturages scolaires, pour y avoir « tourné au ralenti » trop longtemps : mal à l'aise, décalé, il a renoncé durablement à parcourir ces territoires infertiles et inadaptés à son potentiel, sans pour autant assouvir sa faim dans des contrées plus hospitalières. Certains vont ainsi apprendre dès l'arrivée au collège à se faire repérer, en collectionnant les mots, blâmes, conseils disciplinaires, renvois, etc. et d'autres, au contraire, vont apprendre à se faire totalement oublier et deviendront transparents, collectionnant les absences, les maladies, les changements d'établissements et de filières. Bref, les uns comme les autres éprouveront de nombreuses difficultés à trouver l'épanouissement au collège[1], qui reste la période sensible à traverser pour les élèves à haut potentiel, comme d'ailleurs pour tous les autres jeunes. Ils accèdent à l'enseignement secondaire la plupart du temps dépourvus de toute méthode de travail et avec l'espoir fou qu'enfin, l'école pourra les contenter. Les niveaux de difficulté et l'interdisciplinarité qui sont la nouvelle mise ne leur permettent plus à présent d'être dispensés du travail personnel à fournir, et ils n'ont pas appris à se mobiliser dans les apprentissages, lesquels se faisaient sans effort et de façon largement intuitive jusque-là...

Tout collégien doit apprendre à se discipliner, à travailler de manière régulière, à persévérer dans l'effort et à réfléchir à la manière dont sont formulées les demandes des professeurs, de façon à répondre au mieux à leurs attentes. Or l'élève à potentiel spécifique n'aime pas remettre en cause sa façon de travailler. C'est un dilettante qui adore folâtrer dans les hautes herbes du savoir, au gré de ses inspirations et de ses humeurs, mais qui déteste brouter en cadence les fourrages des prairies artificielles. S'il n'est pas aidé, soutenu, « coaché », les obstacles accumulés risqueront fort alors de se cristalliser !

Son inadaptation au système éducatif traditionnel ne cessera de croître : son attitude en classe deviendra rapidement incompatible avec celle qui est attendue et exigée de lui. Réfractaire à l'ordre scolaire établi, il ne parviendra pas à gérer son métier d'élève de façon satisfaisante. Il prendra la parole pour dénoncer tel ou tel dysfonctionnement, se révoltera contre la fermeture hebdomadaire du jeudi du C.D.I. (Centre de Documentation et d'Information), tentera de faire circuler une pétition pour limoger un professeur qu'il juge incompétent et infidèle à ses engagements premiers, ne prendra pas note de ses cours, car d'après lui, il sait déjà et pense surtout pouvoir s'en souvenir, sans passer par l'écrit. Il préfère bien davantage écouter l'enseignant lire son cours et observer ses camarades noter de façon excitée et anxiogène toutes

---

1. Entre 12 et 16 ans dans le cadre d'une scolarité classique, parfois plus tôt pour les zèbres. Sauf mention contraire, les mentions de classes dans ce livre font référence au système scolaire français. Reportez-vous à l'annexe A pour les équivalences de classes et d'âges dans le monde francophone.

ces paroles, comme s'il s'agissait-là de vérités à s'approprier, de trésors à ne pas laisser échapper ! En réalité, l'élève à haut potentiel a déjà compris que le professeur n'est souvent qu'un répétiteur ou un lecteur, car aux questions qu'il lui a posées, il n'a pas obtenu la qualité des réponses escomptée. Pour l'élève à haut potentiel, trop souvent le professeur ne fait pas preuve d'audace, d'inventivité, d'attrait ; il lit le manuel, fait faire des exercices et certains beaucoup trop et toujours les mêmes, sans savoir susciter l'intérêt de sa matière, ni raccorder ses explications à d'autres thèmes, faire du lien et créer du sens pour rendre son enseignement interactif et attractif. L'élève à haut potentiel a besoin de se rendre compte que son enseignant maîtrise parfaitement sa discipline, qu'il peut s'en éloigner pour la retrouver différemment, qu'il peut la questionner, la critiquer, pour mieux encore la faire apprécier : mais trop souvent, l'enseignant colle à sa matière, comme si elle pouvait lui échapper, lui glisser des mains, lit mot à mot ses notes, exige de ne pas être coupé, empêche la participation réelle des élèves, pour leur reprocher ensuite ne pas poser de questions, car ce qu'il attendrait lui, c'est la question bien maîtrisée, simple, basique, en lien direct avec la dernière formulation qu'il vient de faire. Mais l'élève à potentiel spécifique, chez qui le foisonnement d'idées ne cesse jamais, n'aura pas ce genre de questions à poser. Il attend de son enseignant une expertise tout autre, un avis et un échange dignes d'un réel débat sur une thématique, non pas en lien direct avec le cours qu'il vient de donner, mais autour du thème du cours. Et bien sûr, ce questionnement-là dérange et n'est pas le bienvenu, car il isolerait l'enseignant et l'élève du reste du groupe-classe. Bref, tout semble se passer comme s'il était au collège pour d'autres motifs que ceux des apprentissages, pour lesquels, souvent, il ne manifeste guère d'enthousiasme ni d'intérêt.

TÉMOIGNAGE

Après la 3e, mes parents ont forcé mon passage en seconde. Après un mois, j'étais complètement déconnecté de la réalité scolaire et j'étais devenu phobique, incapable d'aller en cours. Chaque matin, je m'efforçais d'y aller, mais au moment de partir c'était impossible. Le médecin m'a dispensé et j'ai pris les cours du CNED[2] toute l'année de seconde. Ensuite, en première, j'ai continué avec le CNED, mais ça allait de moins en moins bien. Je ne sortais plus, je passais mes journées sur internet, cloîtré dans ma chambre. Tout ça m'a conduit à faire un séjour en hospitalisation psychiatrique de deux semaines, pour un épisode dépressif. À la sortie de cette hospitalisation, j'ai tout laissé tomber au niveau des études.

Anthony, 17 ans, Q.I.T. = 145

---

2. Centre National d'Enseignement à Distance.

Il ne répond pas aux attentes des enseignants, malgré – ou à cause de – son impressionnant potentiel intellectuel. Naturellement brillant, ses lanternes sont perçues comme des vessies dans ce système d'éclairage artificiel qu'est l'institution scolaire : certains zèbres adolescents se plongent alors dans une dangereuse inhibition intellectuelle, voire dans une déprime chronique. Au mieux, ils deviennent rêveurs, turbulents, distraits, rétifs aux contraintes éducatives ; d'autres malheureusement s'exprimeront à travers une phobie scolaire ou des conduites addictives. L'adolescent à fort potentiel, comme les autres, doit comprendre et intégrer qu'au collège, la forme et la méthode priment sur le fond et le résultat. S'abstenir de tenir compte de cet axiome, refuser de jouer le jeu scolaire, donner des réponses sans pouvoir les justifier ni les argumenter nuiront immanquablement au collégien, quel que soit son Q.I. Rayés ou pas, les petits poulains doivent être « apprivoisés » s'ils veulent grandir, progresser et conquérir leur place dans le monde des adultes. Leurs plus grandes difficultés se situent souvent dans les langues ou dans des matières similaires, c'est-à-dire là où la logique ne suffit plus et où il faut apprendre pour réussir. Ces disciplines qui renvoient davantage à un travail d'apprentissage qu'aux facultés de compréhension sont moins investies et plus échouées. Bons en anglais ou en allemand à l'école primaire, ils connaissent l'échec au collège, car répéter après l'enseignant « My name is Bryan » et apprendre des listes de verbes irréguliers ne les subjugue pas réellement. Et contrairement aux autres élèves, guère davantage séduits par cette méthodologie, eux se permettent l'opposition, directe ou masquée, mais ils réagissent, car ils ont toujours été dans l'hyper réactivité.

💡 CONSEILS

Dès l'entrée en secondaire, invitez votre enfant à regarder, une fois par semaine, des films en langues étrangères, anglais, allemand, espagnol, en fonction des langues étudiées en cours, afin de raccorder de suite l'élève à la langue et de le familiariser aux différentes intonations.

En versions originales ou sous-titrées, ce sont de bonnes habitudes à encourager dès le démarrage de cet apprentissage. Par la suite, l'encourager à aller voir au cinéma un film en V.O. ou lui permettre un abonnement sur la toile où il pourra sélectionner ses films sont de bons accélérateurs linguistiques.

En effet, tant que les langues s'enseignaient oralement et qu'il suffisait de restituer ce que l'on avait mémorisé, ils s'en sortaient toujours, s'appuyant essentiellement sur leur mémoire fulgurante. Mais les langues ne sont plus enseignées de la même façon au collège. La pédagogie cesse d'être exclusivement orale, il faut maintenant étudier les subtilités et les chausse-trappes de l'orthographe, de la grammaire, de la syntaxe et du vocabulaire. C'est une réelle tâche d'apprentissage qui est à présent sollicitée, à laquelle cet élève-là, intuitif et vagabond du savoir, est peu ou pas préparé. Les exigences se diversifient et s'accumulent, il faut s'adapter à chaque professeur, faire face à plus de contraintes... De quoi donner du fil à retordre à un élève peu normé et soumis. Sa situation est comparable à celle d'un enfant qui passerait directement au propre, en omettant l'étape nécessaire des brouillons. Voilà un petit soldat, vaillant, certes, mais sans armes : lorsqu'on ne s'est pas suffisamment entraîné dans le cahier de brouillon, on ne peut passer dans le bon cahier sans se tromper. On n'a pas acquis la méthodologie qui permet de réussir. Et comme les élèves à haut potentiel veulent tout et tout de suite, et, surtout, ne pas perdre de temps dans la phase d'entraînement – beaucoup trop fastidieuse à leur goût – malgré toutes leurs capacités, ils tâtonnent, ils raturent et... ils échouent.

CONSEILS

Le protocole « Apprendre à apprendre » développé dans notre cabinet permet, à travers 3 sessions, de donner les indicateurs méthodologiques à l'élève : comment organiser son bureau, son cartable, anticiper son travail, mais aussi comment apprendre un cours ou faire une carte heuristique pour en mémoriser l'essentiel. Appliquer une telle approche est bénéfique pour les adolescents à haut potentiel. Souvent, avant l'entrée au collège, ces informations méthodologiques sont nécessaires pour celui qui pensait pouvoir continuer de travailler comme à l'école primaire, c'est-à-dire sans sortir un seul crayon de sa trousse ! Car pour apprendre et retenir durablement une leçon, feuille et stylo seront ses meilleurs partenaires, qui le rendront autonome dans son travail. Quand les élèves ont participé au module « Apprendre à apprendre », nous les supervisons ensuite par visio-séance pendant 6 semaines, pour les encourager, les mobiliser et éventuellement corriger certaines imprudences et maladresses. La plus grande partie d'entre eux seront alors totalement autonomes après cette période dans la gestion de leurs devoirs. Ce type de formation méthodologique est aussi souvent sollicité par les chefs d'établissements ayant en charge les élèves à haut potentiel et est alors dispensé en début de classe de 6e en petits groupes.

Le haut potentiel, c'est une grosse cylindrée. Faute d'avoir appris à la maîtriser assez tôt, elle peut se révéler très dangereuse. Au volant d'une Ferrari, on est d'autant plus tenté de faire fi des limitations de vitesse, voire du code de la route tout entier...
Être « intellectuellement précoce », c'est donc avoir entre les mains un petit bolide alors qu'on ne sait pas encore vraiment piloter et que le réseau routier est conçu pour un degré d'intelligence moyen, limité à un rythme auquel on a du mal à se plier... On y est donc davantage exposé aux accidents. Or, le code de la route et

les règles de sécurité sont évidemment les mêmes pour tout le monde ! Nos petits pilotes de course doivent apprendre à bien se conduire, à se discipliner, afin de reconnaître et de respecter tous ces codes de vie en société qui les contrarient, s'ils veulent obtenir leur permis de séjour dans le système scolaire.

Force est donc de constater qu'un niveau intellectuel élevé et sophistiqué n'est pas à lui seul un gage de réussite scolaire.

Conduites et attitudes ont toute leur importance et peuvent considérablement influencer les trajectoires des élèves, dans un sens comme dans un autre. Plus le mode de fonctionnement de l'adolescent sera strict et rigide, plus il se heurtera à celui du collège. Plus notre petit sauvageon de zèbre se cabrera, plus il souffrira dans les pâturages scolaires. Il faut faire preuve de beaucoup de souplesse pour s'adapter à un système rectiligne. La rigidité est sans doute le seul vrai point commun entre l'adolescent au fort potentiel et le système éducatif. Leurs intolérances respectives les empêchent bien souvent de se découvrir et de s'apprécier, mais heureusement il existe des pistes pour surmonter ces divergences apparentes.

CONSEILS

... pour les enseignants

Souvent au sein d'une équipe de plus d'une dizaine d'enseignants, il est possible de trouver un référent, désireux de prendre sous sa coupe cet élève différent. En nommant ainsi un adulte « parrain », l'élève aura à proximité immédiate un tiers, un aidant, une ressource de confiance à qui s'adresser en cas de malentendus ou de souffrances. Il est toujours mieux de trouver à l'intérieur de l'école ce médiateur, car les problématiques d'école se gèrent en priorité à l'école. Si on laisse l'élève sans écoute ni réponse, il va exprimer son mal-être en dehors de l'institution scolaire, et ses parents ou des tiers (comme des professionnels) se sentiront alors contraints d'intervenir. Cette forme de prévention permet souvent d'éviter ces situations inconfortables.
Dans tous les établissements où j'ai proposé ce dispositif, tout à fait simple et gratuit, un apaisement immédiat a été noté, tant chez l'élève qu'au sein de l'équipe des enseignants, car le référent, devenu « porte-parole » de l'élève à haut potentiel, temporise les situations en temps réel et évite ainsi les réactions pulsionnelles. Ainsi, de façon tout à fait pratique, le professeur référent propose à son « filleul », une fois par semaine au départ puis à sa demande, un entretien d'une quinzaine de minutes pour passer en revue la semaine, en veillant surtout au bien-être de l'élève. Il peut ainsi réguler les émotions de l'élève, l'aider à voir sous un autre angle la situation, mais aussi transmettre à ses collègues enseignants les difficultés ou plaintes confiées. Par la suite, un contact mail peut suffire pour garder ce lien avec l'élève. Souvent, le fait de savoir qu'il peut compter sur la bienveillance d'un adulte, apaise et valorise et est suffisant.

> **CONSEILS**
>
> **... pour les parents**
>
> Si l'élève ne trouve pas suffisamment d'écoute ou compréhension au sein de son établissement, les parents pourront veiller, par exemple, à lui permettre à chaque période de vacances de vivre des moments privilégiés, de façon à maintenir leur enfant dans un dynamisme favorable et d'éviter tout épisode dépressif. Si la situation scolaire est définitivement bloquée, l'élève peut comprendre que les solutions peuvent venir de la famille.

Peut-on apprendre le métier d'élève ?

C'est avant les grosses difficultés du secondaire qu'il faut réagir si l'on veut domestiquer le petit zèbre. Celui-ci doit apprendre à se comporter en société dès les premières années d'école. Car c'est bien de cela qu'il s'agit : le zèbre est un onagre d'un type un peu particulier, un âne sauvage qu'il convient d'apprivoiser, bien plus qu'un mustang farouche devant absolument être dompté. Notre zébreau n'est pas un petit cheval sauvage, mais il croit pouvoir vivre dans un monde dépourvu de contraintes et d'exigences, où il serait seul à décider de ce qu'il veut faire, de quand et comment le faire. Or, travailler au collège, ce n'est pas comme manger au restaurant : on ne peut pas choisir son menu, préférer la carte, trier les matières selon ses goûts... Et c'est encore moins l'auberge espagnole : pas question d'y amener son savoir ! Il faut consommer de tout, de préférence avec une égale appétence, et s'abstenir de toute critique. Tout est bon *a priori*, il suffit d'y souscrire, sans commentaire ni opposition. Mais se taire, c'est justement une des rares choses que le zèbre ne sait pas faire, puisque tout petit déjà, il avait son mot à dire sur tout et à tout le monde...

> **TÉMOIGNAGE**
>
> *L'année où je suis venu faire le bilan, j'avais des difficultés à l'école. Cette année-là, contre toute attente, je n'ai pas pu me présenter aux épreuves du bac. Le premier soir, j'ai fugué, j'ai erré toute la nuit... L'année d'après, mes parents ont accepté de me déscolariser. J'ai donc pris les cours du CNED et je me suis présenté comme candidat libre, mais je n'ai toujours pas eu mon bac. Alors j'ai voulu tout arrêter. Ça me rendait fou tout ça, les épreuves, faire ce qu'on me dit...*
>
> *Rémy, 22 ans, Q.I.T. = 150*

Pour lui donner alors les meilleures chances de réussite scolaire, il est conseillé donc d'ajouter une certaine dose d'autorité, de douce fermeté, dans les ingrédients de son éducation précoce, en lui apprenant au plus tôt à gérer les frustrations et les contraintes, lui inculquant les notions d'efforts et de persévérance. Différentes solutions existent pour y parvenir (voir-ci-contre). L'apprentissage d'un instrument de musique ou d'une langue complexe en est un excellent moyen, puisqu'il impose à l'enfant un travail quotidien et continu, un effort à la fois ponctuel et permanent. On peut toujours apprendre et progresser dans ces disciplines, on n'en atteint jamais les limites. Pendant ses jeunes années, le zèbre devrait toujours être encouragé à faire, à investir l'acte, à se soumettre à une discipline lui permettant d'inscrire ses appétits de savoir et de savoir-faire dans la durée.

CONSEILS

Les parents ou proches peuvent par exemple encourager l'ado à haut potentiel à :

- rejoindre les JSP (jeunes sapeurs-pompiers). Ils y trouveront souvent une équipe d'adultes exemplaires de par leur engagement et leurs missions. Se mettre ainsi au service de la population, apprendre les gestes qui sauvent, mais aussi veiller à l'entretien de sa condition physique sont de belles valeurs à travers lesquelles ils pourront se valoriser.
- s'engager dans des chorales ou des comédies musicales ou encore des pièces de théâtre et donner ainsi des représentations.
- s'investir dans des Chantiers Jeunes et aller, le temps de l'été, à l'étranger pour aider les plus démunis
- participer à des actions de prise en charge ou de soutien aux personnes malades ou handicapées.

TÉMOIGNAGE

De l'école et de tout ce temps des études, je garde un souvenir mitigé. Je n'ai pas rencontré tous les problèmes que beaucoup de précoces rencontrent, mais je n'ai quand même jamais eu d'amis, de vrais amis je veux dire, qui auraient pu me comprendre et me ressembler au moins un peu. J'étais dans ma bulle. Je bossais du mieux que je pouvais pour être le plus vite possible débarrassée de toutes ces obligations d'apprendre des tonnes de choses par cœur. Après, à la fac, les choses ont été un peu différentes, les gens moins immatures, mais je n'ai pas pour autant pris mon pied. Après ma licence, quand je suis partie en Angleterre, c'est là, je crois, que j'ai commencé à m'épanouir réellement.

Francine, 24 ans, Q.I.T. = 139

Savoir ainsi leur proposer des projets concrets, qui font sens et qui les valorisent, voici l'un des secrets de leur bien-être !

Il n'y a pas de meilleur moyen d'acquérir le métier d'élève, pour un fort potentiel, que de vivre l'acte, plutôt que d'exister exclusivement dans le cérébral. Les parents d'un petit zèbre doivent donc lui proposer un apprentissage dans lequel il puisse étancher sa soif de connaissances de façon active, pour le sortir le plus vite possible de sa condition de « consommateur de savoir ». Apprenons à mettre le zèbre en mouvement, à s'investir dans des domaines à même de lui procurer une certaine forme d'épanouissement...

TÉMOIGNAGE

J'ai découvert l'amitié à 11 ans, quand mes parents ont adhéré à l'AFEP[3] ; le fait qu'ils puissent rencontrer d'autres parents dont les enfants étaient en avance les a tranquillisés et c'est aussi à ce moment que j'ai rencontré Olivia, qui est devenue ma première meilleure amie. Au début, l'une et l'autre, nous étions paumées. On ne savait pas quoi se dire... Nos parents se sont de suite appréciés, mais ça nous a pris un peu plus de temps. Ensuite, ce fut comme une évidence. On se disait tout, on allait dormir l'une chez l'autre, ce que je n'avais jamais fait auparavant, on passait la moitié de l'été ensemble. Parfois, on ne se parlait pas pendant des heures : chacune lisait par exemple un livre, mais savoir que l'autre était là était suffisant. Puis, au lycée, on est devenues encore plus proches, à tout se dire, à imaginer notre futur ensemble. Nos parents trouvaient d'ailleurs notre relation étrange. Et là, on poursuit chacune des études supérieures. Olivia a un petit ami, mais on est toujours très proches et complices. Je n'ai pas de sœur, mais je ne pense pas que j'aurais pu être plus proche d'une sœur que d'Olivia.

Amandine, 19 ans, Q.I.T. = 136

Par ailleurs, il sera très utile de lui apprendre à vivre en collectivité, et ce dès ses plus jeunes années. Le développement des associations pour enfants intellectuellement précoces offre de plus en plus de moyens d'améliorer sensiblement la vie sociale souvent déficitaire du zébreau. Vous en trouverez des exemples à la fin de ce livre. En participant aux activités proposées par le monde associatif spécialisé, les jeunes zèbres découvrent des activités qui les séduisent, tout en rencontrant des congénères issus d'autres savanes. Ils peuvent alors développer des relations chaleureuses avec leurs compagnons de pâture, lesquelles constitueront autant de balises dans leur parcours du combattant de l'intelligence.

---

3. Association Française pour les Enfants Précoces (renseignements en fin d'ouvrage).

Le rapport Delaubier
et l'apprentissage du métier d'élève

En France, le rapport Delaubier (2002) sur la scolarisation des enfants intellectuellement précoces a incontestablement constitué une avancée importante dans la longue marche vers la reconnaissance des élèves à potentiels spécifiques par le système scolaire. Depuis lors[4], en effet, il n'est *a priori* plus possible d'ignorer ces élèves qui ne parviennent pas à développer leurs capacités particulières en classe. Mais ces bonnes intentions ne se traduisent parfois pas dans les faits. L'institution scolaire est malheureusement une machinerie très lourde, qui a bien du mal à se défaire d'attitudes et de jugements profondément enracinés dans son inconscient collectif. Le corps enseignant se méfie de tout ce qui peut ressembler à une forme quelconque d'élitisme. On conçoit aisément les fondements d'une telle attitude. Mais elle prend le problème des potentiels spécifiques à l'envers. L'école, en effet, est très soucieuse de n'ignorer aucun laissé-pour-compte de la société, et nos zébraux peuvent malheureusement très vite en faire partie. En ce cas, l'éducation nationale ferait bien de s'inquiéter du sort de ces enfants, que leur différence peut rapidement stigmatiser et même handicaper. Loin de vouloir favoriser une élite, il s'agit bien alors de permettre à une catégorie particulière d'élèves d'accéder à une scolarité épanouie. Pourtant, si ce rapport est une réelle reconnaissance d'une réalité jusque-là ignorée, voire souvent dénigrée, l'implication concrète sur le terrain reste encore souvent beaucoup trop timide.

Deux grandes questions été au centre des discussions dans le cadre de cette réflexion :
1. Quelles solutions proposer aux élèves intellectuellement précoces rencontrant des difficultés dans leur scolarité ?
2. Des mesures particulières sont-elles nécessaires pour que l'école puisse mieux prendre en charge l'ensemble des élèves bénéficiant d'aptitudes spécifiques ?

L'examen des difficultés de cette catégorie d'élèves a mis en relief certains problèmes d'inadaptation scolaire. Quatre besoins spécifiques ont ainsi été repérés :
1. besoin de reconnaissance ;
2. besoin de prévention, de remédiation ;
3. besoin de motivation ;
4. besoin d'équilibre.

---

4. Cette reconnaissance des enfants à haut potentiel au sein du système éducatif s'effectue également, à la même époque, en Belgique, où le Ministère en charge de l'enseignement francophone commandite un rapport en 2001.

Quant aux propositions émises par cette commission, elles peuvent se résumer en neuf points :
1. mieux connaître ces élèves ;
2. prévenir les difficultés éventuelles ;
3. accueillir, accompagner et être à l'écoute des familles ;
4. apporter une réponse aux problèmes rencontrés dès l'école primaire ;
5. adapter le rythme d'apprentissage aux besoins de chacun ;
6. enrichir leur programme dès l'école primaire ;
7. les accueillir dans des classes hétérogènes, mais bénéficiant d'un personnel formé, pratiquant des pédagogies innovantes et différenciées ;
8. former les équipes pédagogiques aux besoins des potentiels spécifiques ;
9. définir les stratégies globales de leur prise en charge.

Ces propositions sont certes tout à fait louables et très séduisantes, mais on est en droit de se demander, comme d'autres, si l'éducation nationale a réellement les moyens de sa politique[5].

Quoi qu'il en soit, ce n'est que lorsque ces recommandations seront effectives, c'est-à-dire quand les moyens financiers et humains seront disponibles, qu'on pourra raisonnablement espérer que le métier d'élève cesse d'être un parcours du combattant pour nos petits zèbres.

Espérons donc que ces ouvertures deviennent des réalités avant qu'une nouvelle génération de zébreaux ne se casse les pattes dans la jungle de l'école !

Depuis 2002, les circulaires en faveur de l'accueil de l'élève à haut potentiel à l'école se sont multipliées et celle de 2009, dédiée à l'enseignement primaire et secondaire, annexée d'un guide d'aide pour améliorer la prise en charge de la scolarité des élèves à besoins éducatifs spécifiques a aussi préconisé dans chaque académie un référent EIP (Enfant Intellectuellement Précoce). Depuis, les familles peuvent ainsi s'appuyer sur ce professionnel qui est un interlocuteur privilégié entre les parents et les équipes scolaires. Le référent EIP peut ainsi être saisi tant par les enseignants que par les familles, pour informer, ajuster, apaiser, outiller. On constate clairement que depuis que les académies en sont pourvues, les élèves à haut potentiel sont mieux acceptés, compris et accueillis dans les classes, car là où il y a 20 ans encore, il faillait se battre pour faire reconnaître la réalité du haut potentiel, souvent niée par les enseignants, aujourd'hui les efforts peuvent d'emblée se mettre au service du projet à imaginer pour l'élève. Depuis, chaque année, au moment de la rentrée scolaire, différentes circulaires rappellent la nécessité de mieux scolariser les élèves à besoins éducatifs particuliers, en précisant l'importance de proposer un programme personnalisé de réussite éducative (PPRE), accompagné parfois d'un plan d'accompagnement personnalisé (PAP), notamment quand l'élève présente également des troubles spécifiques d'apprentissages.

---

5. *L'échec scolaire chez les enfants dits surdoués*, Jacques Bert, 2005, édité par l'auteur, p. 241.

Les pistes d'une scolarité alternative

Quand le constat d'une allergie totale au système scolaire traditionnel s'impose, quand depuis les petites sections se sont succédé difficultés d'apprentissage, changements d'école, accrochages virulents entre élèves et enseignants comme entre parents et enseignants, l'intégration dans une section spécialisée devrait pouvoir être envisagée. On compte actuellement une vingtaine de collèges publics et plus d'une soixantaine d'établissements privés, ayant mission ou vocation d'accueillir des élèves à potentiel particulier. Chaque établissement développe[6] généralement son propre projet, qu'il soit d'accélération ou d'enrichissement des parcours scolaires ou des deux approches combinées, et travaille avec des équipes sensibilisées, volontaires et formées à la prise en compte des spécificités des forts potentiels.

Quand le parcours scolaire a été jalonné de difficultés dès les petites classes, il est judicieux d'encourager les parents à réfléchir sérieusement à l'éventualité d'une intégration dans de telles structures, car le cumul des changements liés à la puberté et d'un potentiel spécifique peut présager d'années difficiles. Les rayures du zèbre adolescent peuvent facilement devenir les barreaux de sa prison scolaire…

LE SAVIEZ-VOUS ?

Accélération ou enrichissement : quelles différences ?

- Dans les établissements scolaires qui proposent un programme dit d'accélération, les classes de 6e et 5e sont conjointes et se passent donc une année, et la 4e et la 3e sont également regroupées. Le « tout scolaire » est alors valorisé.
- Dans ceux qui mettent en place un programme dit d'enrichissement, les élèves valident tous les niveaux, mais participent à de nombreux projets tout au long de leurs études et diversifient ainsi les apprentissages : des projets linguistiques, culturels, humanitaires, etc. les mobilisent alors souvent. Certains projets valorisent le regroupement d'élèves à Q.I. élevé, tandis que d'autres optent pour leur panachage avec d'autres collégiens. Le point commun de toutes ces classes est généralement de privilégier les petits effectifs encadrés par des enseignants formés.

Tenter le « sur mesure » est très souvent au cœur de ces projets. Leur ambition est grande, puisqu'il ne s'agit pas moins que de réussir là où d'autres ont échoué, de remobiliser des adolescents en situation scolaire précaire et de les réconcilier avec leur métier d'élèves.

---

6. Il est difficile de constituer une liste exhaustive de ces établissements. Le site de l'AFEP (www.afep-asso.fr) rencense quelques liens utiles sous la rubrique « Éducation nationale ».

Esquisse d'une réflexion autour du collège « idéal » pour les élèves à haut potentiel intellectuel

Il semble important de bien soigner le recrutement des élèves. Moi qui participe à la vie et au fonctionnement de différentes filières accueillant des élèves à hautes potentialités, je reste étonnée d'y trouver des élèves qui, pour de multiples raisons d'ailleurs, ont échappé aux modalités de sélection et se retrouvent ainsi dans des classes spécifiques sans que leur profil ne corresponde exactement aux critères, pourtant prédéfinis par le chef du projet.

Pour être éligible à une section spécifique, les critères de sélection devraient être académiques et motivationnels :
- test de Q.I. de Wechsler de moins de 24 mois, en vérifiant que l'élève passe la dernière version, avec des résultats supérieurs à 125 aux sous-échelles, à l'exception du domaine de la vitesse graphique, avec un résultat total égal ou supérieur à 130 ;
- tests de personnalité et de créativité ;
- consultation du dossier scolaire pour une bonne compréhension de l'attitude d'élève (les résultats validés jusqu'alors ne sont pas des critères prépondérants) ;
- rédaction par l'élève souhaitant intégrer une filière dédiée aux EIP d'un engagement personnel d'implication au sein de la classe. L'élève devrait par exemple répondre à la question : « Comment pourrais-je, à titre personnel, faire rayonner ma classe ? » Ou encore : « Quels sont les atouts que je propose de mettre au service du groupe ? » Mettre l'élève au centre de la démarche en le rendant actif, acteur, paraît une démarche incontournable pour espérer par la suite pouvoir l'intéresser aux enseignements.

La constitution des classes ne devrait pas excéder 25 élèves. Chacun devrait pouvoir étudier à un bureau dans lequel toutes ses affaires scolaires seraient rangées, l'élève travaillant dans la même salle de classe pendant l'année, à l'exception des matières nécessitant un équipement particulier : ateliers de langues, cours de sport, de technologie. La salle de cours d'au moins 30 mètres carrés serait constituée d'une partie plus traditionnelle, bureaux, tablettes et tableaux, et d'une partie annexe, composée de ballons et de tapis pour écouter et échanger.

L'enseignement se ferait aussi souvent que possible d'abord dans la partie feutrée et détendue, où l'élève pourrait écouter le cours, se l'approprier par l'écoute, l'échange, le dialogue, l'intérêt, sans paniquer de ne pas parvenir à recopier mot à mot ce que l'enseignant note au tableau ou dicte. D'abord s'intéresser, pour pouvoir comprendre, questionner, puis passer à la prise en notes de l'information et à l'application du savoir par les exercices. Rester assis plus d'une heure ne peut en aucun cas convenir aux élèves « traditionnels » et encore moins aux zèbres, qui sont habituellement en « polytâches » et souvent agités. Leur permettre ainsi, au cours d'une séquence, de changer de position, de se déplacer éviterait à bon nombre d'entre eux de jouer avec du matériel ou même de le détruire, car leurs besoins de mouvements et d'actions seraient intelligemment assouvis.

Bien sûr, les apprentissages se feraient principalement en classe. Les devoirs du soir seraient supprimés ou éventuellement suggérés au cas par cas par l'enseignant pour ceux chez qui il identifierait la nécessité de consolider certaines notions en dehors du temps scolaire. Qui peut réellement, après une journée de cours, passer encore efficacement une ou deux heures dans des apprentissages ? La vie des collégiens commence souvent aux aurores, c'est-à-dire dès 6 heures, et la plupart d'entre eux ne seront pas de retour à leur domicile avant 18 heures. Si les devoirs étaient supprimés ou très limités, les relations entre les parents et leurs enfants seraient inévitablement améliorées, car le soir, le jeune pourrait raconter ce qu'il a découvert, fait, compris, là où actuellement, il doit appliquer, exécuter, apprendre par cœur dans la solitude de sa chambre. Le dîner quotidien pourrait être un vrai temps d'échanges et de partages, où parents et enfants pourraient prendre du temps, car il serait la dernière grande étape de la journée, là où il n'est parfois pour l'instant qu'une étape brève de récupération énergétique ! Que de conflits seraient aussi évités, car quand on interroge jeunes et parents sur les sujets de leurs conflits, ce sont bien les devoirs qui apparaissent en tête de liste. Et pour cause : les parents sont inquiets de ne pas voir leurs enfants « au travail », faire leurs devoirs, même s'ils ne se donnent pas souvent les moyens de vérifier la qualité de ce qu'ils font.

En termes de mode d'enseignement, favoriser autant que possible le travail autour de projets interdisciplinaires pour en faire émerger du sens et de l'intérêt, en laissant l'élève récolter les données et les formaliser lui-même. En sciences, physiques, français, histoire, géographie, ces élèves souvent passionnés et passionnants pourraient ainsi tour à tour mettre au service de la classe leurs connaissances, l'enseignant étant le gardien des données justes et l'organisateur des savoirs. C'est cette alliance-là qui permettrait aux élèves à haut potentiel de se sentir valorisés et appréciés dans leurs multiples curiosités et qui éviterait sûrement en grande partie, l'agitation des classes et les actes de sabordage trop souvent constatés.

Pour l'enseignement des langues, en 6e et en 5e[7], privilégier l'oral : une langue s'écoute et se comprend avant de s'attaquer à ses lois grammaticales et orthographiques ; comment tous les parents du monde font-ils depuis toujours pour transmettre leur langue à leur enfant ? Ils la parlent, la chantent, bref la transmettent oralement et humainement au cours des premières années, sans exiger de leur enfant qu'il ne l'écrive ou se l'approprie dans ses précisions syntaxiques. Et tout enfant, même handicapé, parlera les langues qui lui auront été parlées dès sa naissance ; il ne pourra peut-être pas les retranscrire à l'écrit, mais il les comprendra et pourra s'exprimer à travers elles. C'est ainsi qu'il faudrait envisager la transmission des langues vivantes en classe : supprimer toute trace écrite au cours des deux premières années (6e et 5e) et ne la transmettre qu'oralement, en variant différentes sources : l'enseignement fait par le professeur, l'enseignement donné en laboratoire de langues et l'enseignement obtenu en visionnant des films en V.O.

Habituer l'élève très tôt à des accents et à des intonations variés va ainsi diminuer sa crainte de s'exprimer à travers un mauvais accent, mais va aussi l'obliger à travailler son oreille. La plupart des élèves n'osent pas s'exprimer, car ils redoutent de commettre des erreurs de prononciation, ou de se voir reprocher un accent ridicule et d'être raillés ; mais de la même manière que tout enfant, quand il commence à parler, commet de nombreuses imperfections, l'élève qui se lance dans l'apprentissage d'une langue doit se sentir autorisé à passer par ces indélicatesses, pour pouvoir les dépasser et réussir à devenir bilingue, trilingue, etc.

Ainsi, ces trois formules combinées pourraient être encouragées pour que les langues se transmettent avec plaisir et de façon authentique. Le professeur serait bien sûr celui qui transmettrait aussi la richesse culturelle de la langue, son héritage, ses anecdotes, pour donner envie à l'élève d'aller visiter le ou les pays où la langue est parlée ; il serait le référent humain de la langue, le travail en laboratoire et le visionnage des films étant des pans qui ouvriraient la langue à tous ses possibles. Et comme la

---

7. C'est-à-dire entre 12 et 14 ans.

mère qui parle à son enfant pour lui transmettre sa langue maternelle, le professeur la transmettrait non pas derrière un bureau face à des élèves assis à un pupitre, mais à des élèves installés dans des fauteuils, des canapés ou encore sur les bancs du parc de l'école en cas de météo clémente et, pourquoi pas, de temps en temps, autour d'un thé ou d'une collation. Préférer le vivant, l'authentique, car le zèbre est ainsi : un être sensible, humain et profondément empathique qui a besoin de sens pour s'approprier les apprentissages.

Pour finir, la notation de l'élève se ferait surtout par lui-même ; au début de chaque nouveau chapitre, l'enseignant présenterait le déroulé de l'apprentissage, les objectifs qu'il vise lui, ce à quoi ces objectifs serviront, puis l'élève se fixerait les siens, qui pourront être en totalité ceux de son professeur, ou bien seulement partiellement. Finalement, qui souhaite apprendre : l'élève ou l'enseignant ? Mettre l'élève au cœur du système est la seule façon, me semble-t-il, de le faire progresser de façon digne et humaine. L'objectif à atteindre à la sortie du collège devrait être celui d'une autonomie dans l'acquisition des savoirs, associée à une réelle motivation d'apprendre, et ce pour tous les élèves bien sûr, mais plus encore pour ceux qui disposent de réelles aptitudes en y arrivant. Pouvoir acquérir au cours des 4 années passées au collège, une véritable autonomie et une organisation de travail, une capacité à questionner les choses, à être actif face aux apprentissages et aux savoirs, à oser prendre la parole, à être enthousiasmé par les savoirs, à être à l'aise dans les échanges avec les adultes et leurs pairs, bien sûr dans sa langue maternelle, mais aussi tout à fait convenablement dans une autre langue, tel serait d'après moi, l'objectif à atteindre pour tout collégien en fin de classe de 3ᵉ. Utopie, chimère ou réalité ?

Si la plupart des projets dédiés aux EIP s'inspirent déjà de quelques-unes des suggestions ci-dessus, souvent, le point faible de ces classes reste leur nombre : toutes les villes n'offrent pas encore d'accueil pour les EIP, et celles qui en offrent sont souvent limitées en places, ce qui peut entraîner un sureffectif. Souvent aussi, ces classes sont situées dans des établissements privés, malheureusement non accessibles à tous. Lorsque la scolarité a pu être négociée de façon positive pendant les années primaires, la recommandation d'usage sera d'orienter l'élève vers le collège de proximité, qui restera l'option la plus équilibrée. Dans un premier temps du moins, les classes adaptées impliquant souvent aussi un éloignement du domicile, voire une vie en internat.

CONSEILS

De nombreuses opportunités d'aider les élèves à fort potentiel à rester mobilisés et à conserver leur intérêt pour les apprentissages existent par ailleurs. Citons par exemple les classes à projets, de musique, de théâtre, de danse ou de cirque, les sections sports-études, les cursus bilingues, les classes européennes… Toutes ces options sont intéressantes pour ces élèves curieux pouvant aisément cumuler les apprentissages de tous types. Il est toujours judicieux de s'appuyer sur les propositions locales et d'en profiter au maximum lorsque c'est possible.

Il arrive malheureusement que plus aucune structure ne puisse accueillir correctement l'adolescent à fort potentiel. À force d'avoir été mal entendu, méconnu, délaissé et finalement rejeté, le jeune zèbre n'a plus la moindre confiance en quelque système ou institution que ce soit. Se sentant incompris et banni du troupeau, il s'en exclut lui-même et choisit de déserter. Une déscolarisation doit alors être envisagée, non comme une solution ordinaire, mais plutôt une comme une ultime carte à jouer, un joker. L'enseignement à distance peut alors constituer une solution adéquate et bénéfique.

Depuis ces dernières années se développent partout en France et dans d'autres pays des écoles alternatives, qui ont toutes comme point commun de placer l'élève au cœur des apprentissages en le considérant dans sa globalité ; qu'elles s'inspirent de l'approche Freinet, Montessori, ou qu'elles s'appuient sur d'autres références pédagogiques ou philosophiques, elles viennent colmater une brèche dans laquelle, chaque année, de plus en plus d'élèves s'engouffrent : le désintérêt, l'ennui et le décrochage scolaire.

Certaines ne sont accessibles qu'aux élèves inscrits au CNED et proposent ainsi une reprise progressive vers l'école, souvent sur des journées peu chargées, entre 3 et 5 heures par jour, au sein de groupes restreints de 4 à 6 élèves, accompagnés par des enseignants flexibles, particulièrement sensibilisés à leurs angoisses et difficultés. Les élèves n'ont pas d'obligation formelle de se présenter aux cours, peuvent

> **LE SAVIEZ-VOUS ?**
>
> Cinq pour cent des élèves à potentiels et besoins spécifiques font appel aux formations à distance, certains cumulant le CNED[8] avec quelques heures de cours particuliers par semaine. Cette méthode donne généralement de bons résultats : seuls maîtres à bord, nos zèbres s'y sentent naturellement beaucoup plus à l'aise, ils peuvent enfin apprendre à leur rythme, n'ont plus à gérer l'attente, à subir la lenteur des enseignements, ni à se plier aux exigences de tous et de chacun. En revanche, projetés aussi durablement hors du troupeau, leur socialisation est une fois de plus mise en péril. C'est évidemment le gros point faible d'un système au demeurant plutôt efficace. Quand l'option du CNED est activée, il paraît important de l'envisager de façon encadrée, souvent le temps nécessaire à l'élève pour se remobiliser et s'apaiser, et non comme une solution durable et pérenne. L'enseignement à distance devrait rester réservé aux seuls élèves qui, pour différentes raisons, tant psychologiques, médicales, et scolaires qu'affectives, ne parviennent plus à étudier en classe et en groupe. Pendant toute déscolarisation, il sera ainsi nécessaire que l'élève soit accompagné et se fasse aider, afin d'enrayer ses difficultés et de pouvoir lui permettre une reprise progressive de sa scolarité.

---

8. Centre National de l'Éducation à Distance.

aussi le quitter s'ils se sentent oppressés ou mal à l'aise, sans avoir à donner maintes justifications. L'objectif de ces écoles alternatives est bien de réconcilier l'élève avec les apprentissages, de maintenir une socialisation et de le mener vers ses examens, en tenant compte de son rythme et de ses possibilités personnelles. Le relevé de notes est géré par le CNED, à qui les élèves doivent donc rendre leurs travaux, les enseignants se référant à leurs cours et servant, d'une certaine façon, d'appui et d'orateurs. Ce système de scolarisation, dédié initialement aux élèves phobiques, semble bien convenir aux élèves à haut potentiel, car il reste particulièrement flexible. Au moment d'écrire ces lignes, l'ouverture prochaine d'une telle structure à Strasbourg, par exemple, rencontre déjà un certain succès, et nombre d'élèves EIP s'y sont préinscrits.

N'en concluons pas que les adolescents à potentiel spécifique connaissent systématiquement des difficultés dans leur scolarité. Il en est qui, grâce aux ressources personnelles dont ils disposent, arrivent à s'en sortir, en dépit de leurs fragilités. Ils parviennent à gérer leurs capacités, ils se rendent maîtres de leur Ferrari et réussissent à voyager dans le système scolaire en respectant le code établi pour tous. Souvent ces élèves « en réussite » sont des jeunes bien ancrés, aux émotions stables, qui ont su acquérir au fur et à mesure de leur évolution confiance et sécurité, grâce à un environnement familial aimant et stable.

> « Ce n'est pas parce qu'on est un élève à haut potentiel qu'on sera forcément dans l'embarras. »

TÉMOIGNAGE

Vanessa est élève de 4ᵉ dans son collège de secteur ; elle est déléguée de sa classe et anime, avec le professeur de religion et d'histoire, un groupe de paroles destiné aux jeunes de toutes les classes, autour de thématiques de société.
Elle nous raconte : « Ce groupe se retrouve chaque mois autour d'un dîner-débat, où des questions existentielles sont abordées, comme le Sida, l'immigration, la mort, l'argent, etc., avec parfois des invités d'honneur pour étayer les débats. J'ai en charge de faire circuler la parole, d'animer les échanges et aussi de rédiger le compte-rendu des séances, disponibles ensuite pour tous au C.D.I. »
Prenant très à cœur cette responsabilité, Vanessa a ainsi su se faire apprécier et reconnaître par tous.

Non, ce n'est pas parce qu'on est supposé « en avance sur le plan intellectuel » qu'on sera forcément dans l'embarras. Certains finissent par trouver une forme de sérénité. Très sensibles, il leur suffit parfois d'un déclic, d'une simple rencontre avec un adulte ayant su leur donner cette confiance en eux qui leur fait tant défaut pour qu'ils trouvent enfin leur équilibre.

Pendant l'adolescence, avoir autour de soi un professionnel de confiance, bien sûr sensibilisé aux questions scolaires sera très important, afin que l'élève à haut potentiel puisse déposer dans un lieu de sécurité, ses maux et questionner ses angoisses. Si le thérapeute se montre bienveillant, encourageant, s'il se met en lien avec l'établissement scolaire, bien souvent, les angoisses s'apaiseront et la phobie pourra être évitée. C'est bien parce que chacun fera sa part de chemin et de travail que l'adolescent trouvera sa voie, entouré par des adultes sécurisants et compréhensifs.

TÉMOIGNAGE

Harry est élève en 3ᵉ avec une année d'avance dans sa scolarité ; il vient d'intégrer un nouveau collège dans les Vosges. J'ai pris contact avec le chef d'établissement et dans les 24 heures, le C.P.E. et son professeur principal se sont manifestés pour s'impliquer autant que possible dans la prise en charge de cet élève. Une véritable prise en considération de sa situation a été faite, son professeur principal s'informant sur ses particularités et se chargeant de transmettre les informations à ses autres collègues, se montrant à l'écoute et permettant régulièrement à l'élève de venir faire un point sur sa scolarité, afin de traiter en temps réel, les petites incommodités rencontrées par l'élève. Harry, anglophone, a ainsi été autorisé par son professeur d'anglais à remplacer certains cours par la préparation au centre de documentation et d'information de thématiques ciblées, destinées à être présentées à sa classe et à d'autres ; s'appuyer sur les aptitudes spécifiques de l'élève, lui faire confiance, lui permettre de les mettre en lumière est forcément un pari gagnant pour tous et à coût zéro !

Le C.P.E. s'est quant à lui chargé de veiller à son bien-être d'élève ce qui a permis à Harry de passer probablement sa meilleure année scolaire. Quand les informations circulent, quand les préjugés sont remisés, finalement, dans chaque établissement, l'élève à haut potentiel pourrait et devrait y trouver sa place et s'y épanouir !

CHAPITRE

3

L'autorité et la justice : de subtils ingrédients pour se construire

Se montrer autoritaire reste le moyen le plus sûr de perdre toute autorité.
Robert Sabatier

Parler d'autorité à un adolescent demeure une entreprise délicate, mais elle tient de la gageure lorsqu'on a affaire à un potentiel spécifique, et de la provocation si l'on s'aventure à lui en vanter les vertus cardinales... Et notre petit zèbre détecte et rejette les abus de pouvoir avec un instinct surprenant ! Dans ce chapitre, nous verrons comment faire usage d'autorité tout en tenant compte des spécificités de ces ados à haut potentiel.

L'autorité est trop souvent confondue avec l'autoritarisme, lequel, avec son cortège de malentendus, de partialité, de sévérité inutile, d'humiliations, de manque de maîtrise et d'excès en tous genres, en est l'exact antonyme et le pire ennemi. Voilà pourquoi deux positions diamétralement opposées occupent le devant de la scène depuis une vingtaine d'années. D'un côté, l'autorité est associée à un joug dur et réducteur, à l'aliénation de l'individu, aux stéréotypes et à l'injustice sociale, et toute avancée éducative consiste alors essentiellement à s'en libérer, à s'en éloigner le plus possible. De l'autre, elle est rédemptrice, libératrice et créatrice : elle seule permet d'éduquer valablement. L'alternative entre l'abandon et le dressage, en somme... C'est pourquoi, même si le sens commun et le dictionnaire réduisent l'autorité au pouvoir d'agir sur autrui, au droit de commander et à la faculté de se faire obéir, il est parfois utile de se remémorer son sens étymologique.

Le pouvoir s'impose et s'oppose ; la véritable autorité, comme le respect, qui lui est intimement lié, se gagne. Elle permet d'obtenir le consentement sans avoir besoin de recourir à la force. Elle ne force ni ne formate, mais influe, insuffle et forge. En ce sens, mais en ce sens seulement, elle peut être considérée comme le fil rouge de l'éducation.

> **LE SAVIEZ-VOUS ?**
>
> Le mot autorité vient du latin *auctor*, auteur, et du verbe *augere*, qui signifie accroître, augmenter. Elle est donc par nature un acte créateur, coïncidant étrangement dans sa genèse avec la poésie... La distinction latine entre *potestas* et *auctoritas* permet d'en préciser une nuance essentielle. La *potestas* est le pouvoir légal fondé sur la fonction ou le grade, la puissance du supérieur hiérarchique, du professeur ou du médecin investi d'un droit reconnu par la communauté à agir sur autrui. L'*auctoritas*, quant à elle, émane directement de la personne, de l'*auctor*. Elle n'est donc pas liée à un statut, mais au charisme de celui qui l'exerce et au crédit qu'on lui accorde.

Permettre à l'enfant de se laisser influencer par l'autorité !

Ce toilettage vivifiant de la notion d'autorité nous permet de mieux retourner à nos zèbres sauvages et à leurs rapports mouvementés avec celle-ci. Pour que l'autorité puisse s'exercer, il faut que chaque protagoniste en admette la légitimité, laquelle repose sur l'antériorité. En effet, l'autorité est une relation asymétrique où un sujet accepte de grandir, d'être nourri par un autre en qui il croit et à qui il reconnaît des qualités et des compétences. L'adolescent à potentiel spécifique décèle très tôt, et de façon souvent justifiée, les incohérences et les failles dans le comportement de

> *La véritable autorité et le respect qui lui est lié ne s'imposent pas, ils se gagnent.*

l'adulte. La personne investie d'une autorité doit donc se montrer et surtout demeurer à la hauteur du pouvoir qui lui est conféré, et c'est bien là où le bât blesse. Comment un père ou une mère peut-il faire autorité s'il n'est pas cohérent avec lui-même, s'il est infidèle à ses engagements ou s'il ne reste pas à sa place, faisant par exemple de l'enfant son copain ?

Comme il est tentant, en effet, pour les parents du petit zèbre, de gommer les barrières générationnelles devant cet enfant vif, pertinent, demandeur, sans cesse en éveil, et dont les connaissances vont vite dépasser celles de l'adulte !

Armé d'un verbe haut et juste, d'une mémoire exceptionnelle et de savoirs précoces, cet enfant va donc très tôt concurrencer l'adulte, cherchant à franchir les barrières de l'âge, à traiter d'égal à égal avec l'autorité et à s'échapper du champ familial et scolaire, qu'il ressent plus comme un enclos étouffant que comme une réserve protectrice...

C'est à ce moment-là précisément qu'il doit se heurter à une clôture, à une limite nette et explicite, de façon à éviter tout dérapage l'amenant à entretenir l'illusion très dangereuse du « tout est possible ». C'est en se confrontant aux limites fixées par ses parents et ses éducateurs que l'enfant peut se structurer et développer sereinement sa personnalité, et ce dès les premières années. Seulement voilà, notre zébreau est malin comme un singe. Redoutable séducteur, il charme ses parents, lesquels, pris au dépourvu et décontenancés, mettent alors trop souvent en danger leur position d'autorité, et avec elle, les chances de leur progéniture de se construire harmonieusement et en toute sécurité.

Séduits par leur enfant, les parents d'un petit zèbre ont tendance à l'imiter, à répéter et à magnifier son discours, et du coup – sans s'en rendre compte la plupart du temps – à lui accorder une importance démesurée et à lui attribuer une situation injustifiée. Or, les parents doivent être en mesure de frustrer leur enfant et de tenir leurs propres positions. Ils ne doivent jamais oublier que c'est à eux de décider, de déterminer ce qui lui convient ou non. Utiliser le « c'est comme ça » et le « on verra bien » sont des pirouettes verbales dont ils devraient très tôt se servir et autant de fois que nécessaires, afin de ne pas se laisser déposséder de leur autorité et de permettre à la fonction parentale de s'exercer. Les parents ne doivent en aucun cas donner réponse à tout ni se justifier des choix qu'ils arrêtent au sujet de leur enfant : ils sont responsables d'eux, ce sont eux les guides, et donc les décisions leur appartiennent.

> **CONSEILS**
>
> Votre enfant vous presse de lui trouver la réponse à sa énième question du jour ?
> S'il peut déjà écrire, demandez-lui de la noter sur un bloc-notes à question, avec la date du jour, en lui disant qu'une réponse sera apportée avant le…., en lui faisant noter une date ultérieure de votre choix.
> Lui apprendre à patienter mais aussi à comprendre que ses urgences ne sont pas les vôtres est important.
> Si votre enfant ne sait pas encore écrire, devenez son secrétaire et procédez de la même façon.

Et si bien sûr l'enfant peut exprimer son avis, ce n'est qu'un avis exprimé. Il n'a pas à l'imposer, juste à l'exprimer, et c'est ainsi que le parent doit pouvoir l'accueillir. L'analyse du statut de nombre de futurs adolescents à fort potentiel rétifs à l'autorité mérite d'être faite, car c'est à cet âge-là que l'inscription dans un cadre éducatif formel doit être réalisée. Cet encadrement parental n'a rien d'une prison ou d'une coercition. Tout au contraire, il permet à l'enfant de faire des interdits, des règles et des limites qui le sous-tendent autant de plans et de briques pour bâtir la « maison » de sa personnalité en devenir. En cas d'absence, de défaillance ou d'incohérence de ce cadrage formateur, l'autorité que les parents doivent faire valoir auprès de leur progéniture sera mise en défaut, et par voie de conséquence, toutes les formes d'autorité : celle des enseignants comme celles des représentants des autres institutions. Par ailleurs, dans notre propre expérience, nous observons souvent que ces parents souples en matière d'autorité vont rapidement abîmer leurs relations à leurs enfants, car pour qu'un système fonctionne, il faut que chaque protagoniste reste à sa place et que les places ne se mélangent pas. De plus, un manque de directivité va très souvent entraîner chez ces enfants des troubles anxieux, car des limites incertaines ou fluctuantes angoissent et insécurisent. L'enfant, qui est un être en croissance, en formation, aura besoin de pouvoir s'appuyer sur des barrières solides et des repères fiables et fixes qui viennent de l'extérieur, donc de ses parents et de toutes les autres figures d'autorité. Il n'est pas en capacité de les édifier, de les ériger ; il pourra par contre, quand elles seront en place, tenter de les contrer : c'est un adolescent, après tout !

Pourquoi l'autorité est-elle mise en quarantaine dans certaines familles ?

Si les adolescents à fort potentiel ont tant de démêlés avec l'autorité, une éducation trop permissive en est souvent la source. Les parents peuvent avoir éprouvé des difficultés à prendre ou tenir une place nettement affirmée et clairement définie. Le « oui » a pris malheureusement le dessus sur le « non », toujours moins facile à dire, car il implique généralement explications et justifications, surtout chez les zébreaux. Le « non » faisant défaut, l'enfant n'est plus protégé, égaré dans l'illusion dévastatrice des possibles à laquelle le condamne sa toute-puissance. Dans les cas les plus extrêmes, il n'a pas pu se confronter à la loi familiale et se trouve dès lors bien plus exposé à chercher la confrontation avec la loi extra-familiale, c'est-à-dire avec la loi tout court, la justice.
Ces adolescents laissés sans freins sont ainsi poussés à défier et à transgresser les limites institutionnelles, à franchir les barrières sociales indispensables dont ils

ont pu être privés dans leur famille. Il n'est pas difficile d'imaginer que le retour de manivelle fera mal, d'autant plus quand ces jeunes bénéficient d'un grand potentiel. Le zébreau ne distingue plus alors dans le troupeau qu'un tournoiement de rayures qui l'affolent et l'égarent…

CONSEILS

Si vous pensez devoir restaurer votre autorité :

- **Commencez par vous dire que c'est votre rôle de conduire votre jeune vers la vie adulte.** Ce n'est pas une option, c'est une obligation et ce travail ne peut se faire sans tensions ni conflits.
- **Rassurez-vous : mettre des limites à son ado, dire non et maintenir son non en restant calme est un idéal très difficilement atteignable.** Tout parent qui se heurte à la résistance, tout à fait normale de son jeune, bascule très vite dans le chantage, les cris et la colère, qui sont des moyens de défense les plus habituels de tout humain. D'ailleurs, Françoise Dolto disait qu'un parent qui pourrait sans broncher tout supporter apparaitrait à l'adolescent comme un être tout-puissant et sans limites, ce qui serait pour lui terrifiant.
- **Rappelez-vous que les règles importantes ne peuvent pas s'enseigner qu'avec la tête, mais devraient aussi l'être avec le corps et les émotions.** Par exemple, si vous découvrez que votre jeune a du cannabis dans sa table de nuit, donnez-vous les moyens de le prendre et de le jeter agressivement sous ses yeux à la poubelle : cela lui permettra de comprendre et surtout de sentir la gravité de ce qui se passe. Rester, dans ce cas-là par exemple, calmement installé dans son fauteuil et lui reparler une énième fois des méfaits de la drogue serait totalement inadapté en termes d'action éducative. Un parent ne peut pas énoncer une règle abstraite et vide, quand la vie de son enfant est en jeu ou quand ce dernier brave des interdits sociétaux. Un parent convaincant est avant tout un parent convaincu.
- **Ne vous laissez pas piéger par l'illusion de pouvoir être seulement le copain de votre enfant** tout en étant tout de même un bon parent ! Non, un parent ne peut pas et ne doit pas être le copain de son ado, c'est bien pourquoi votre ado doit apprendre à s'en faire…
- **N'hésitez pas non plus à vous rapprocher d'un psychologue** spécialisé dans le guidage parental afin d'obtenir toutes les informations et des clés pour accompagner, de façon mature et responsable, votre jeune vers la vie adulte.

La vigilance s'imposera d'autant plus dans les familles recomposées, où de multiples adultes gravitent souvent autour de l'adolescent. Les parents – quels qu'ils soient – devront alors constituer une équipe solide et soudée, homogénéisant leurs points de vue éducatifs, de sorte que les interdits des uns se retrouvent bien chez les autres. La cohérence et l'explication des interdits (et non leur négociation…) sont assurément les passages obligés de l'exercice de l'autorité. L'autorité créatrice, en effet, telle qu'elle a été définie au début de ce chapitre, constitue une poutre maîtresse indispensable au bon développement et à la structuration harmonieuse de l'adolescent à potentiel spécifique. La différence, pas plus ici qu'ailleurs, ne saurait justifier l'économie de la vigilance. Le zébreau doit absolument recevoir et accepter sa place dans le troupeau.

Que risque-t-il de se passer à l'adolescence quand l'autorité a été mise en quarantaine ?

Aujourd'hui, la seule autorité admise repose sur les compétences – « faire autorité » et non pas « faire acte d'autorité » – et sur la confiance, ce qui implique de mettre ses actes en accord avec ses propos pour être crédible.

Faire autorité, donc. L'entreprise peut se révéler délicate face à un jeune zèbre, et pourtant seule cette autorité bien comprise, aux antipodes de l'autoritarisme, lui permettra de maîtriser un potentiel qui le pousse à défier les interdits, à franchir les limites au-delà desquelles il pense trouver des réponses aux questions qu'il ne cesse de se poser.

Les difficultés qu'éprouve le zébreau à se plier à la règle commune et à se soumettre à l'ordre établi se manifestent dans tous les domaines : à la maison, à l'école et en société. Tout se passe comme si, face à la loi, le petit zèbre voulait sans cesse faire autrement et réussir quand même. Ou bien désire-t-il franchir les limites pour mieux s'y chercher et peut-être même s'y trouver, pour aller voir ailleurs s'il y est ?

Les premières cibles de sa contestation systématique des règles établies sont les lois de la maison, celles qui régissent l'ordre des parents : elles sont pourtant essentielles à la construction du sujet.

La loi familiale oblige chaque membre de la famille à se situer dans la hiérarchie des générations et permet aux parents d'assurer une transmission des valeurs, des savoirs et des savoir-faire qui ne pourraient se faire dans l'indifférenciation générationnelle. Elle contribue à la socialisation de l'enfant et poussera l'adolescent à désirer hors de sa famille. Mais l'adolescent à haut potentiel est souvent piégé dans l'illusion qu'il est au niveau des adultes, donc de ses parents : il leur parle d'égal à égal, mais ne verra pas non plus d'inconvénient à signer à leur place le carnet de correspondance ou le contrôle, qu'il a oublié de leur présenter la veille ; l'école, c'est son affaire personnelle et, pour lui, signer au nom de ses parents ne l'interpelle guère. À la maison, il s'acharnera souvent sur les jeunes frères et sœurs, qu'il tentera de manipuler, d'utiliser comme des « jouets » ou des « objets » pour les faire obtempérer. Il rentrera dans leur chambre pour se servir allégrement, car l'instinct de propriété lui fait souvent longtemps défaut. Le « j'ai besoin, je me sers » dirige leurs actions, sans grand état d'âme.

> **TÉMOIGNAGE**
>
> *Ainsi leurs parents rapportent que quand Karl, 13 ans, a besoin d'une pile pour son écran, il ne se dirige pas vers la boîte à piles qui se trouve dans le cellier du logement, mais rejoint la cuisine où il récupère une pile de la radio, laissant derrière lui l'appareil éventré, orphelin d'une de ses batteries ; quand Lola, 14 ans, sort de la douche en ayant vidé le shampoing, elle ne se préoccupe guère de le remplacer, afin que le suivant puisse se laver les cheveux.*

Pourrions-nous alors penser que ces ados comme Karl et Lola sont égoïstes et/ou mal élevés ? Nous le pourrions et beaucoup le pensent, mais en fait ils ont surtout des difficultés à positionner leurs priorités là où la plupart des personnes les placent. Ils n'ont pas appris à attendre, à chercher : tout doit aller vite, être utile et efficace ; alors chercher où est la boîte à piles, vérifier que le bon modèle est là, c'est déjà trop long. La radio, qu'ils ont démontée maintes et maintes fois, quand ils étaient plus jeunes et qui fonctionnait ce matin au petit déjeuner, est l'endroit où eux iront chercher leur pile, car ils savent qu'ils la trouveront là, et tant pis pour la remontrance, *une de plus*, qu'ils auront. Les adolescents à haut potentiel vivent avant tout l'instant, le moment présent, pensent toujours pouvoir agir sans l'aide d'autrui, restent des explorateurs et des aventuriers.

Cette loi familiale, qui a tant de mal à s'inscrire chez l'adolescent et qui lui serait nécessaire pour brider ses pulsions, va ainsi souvent lui manquer. C'est pour lui un palier difficile à franchir, qui souvent va lui coûter de nombreux ennuis, tant au sein de sa famille, qu'à l'extérieur de celle-ci, pouvant même entraîner des démêlés avec la justice. Que se passe-t-il alors lorsque ce travail de renoncement à la toute-puissance personnelle échoue, même partiellement ? Le jeune peut devenir impulsif, incapable de différer ses envies et ses exigences, soumis à la tyrannie de ses désirs et incapable de gérer ses frustrations. S'ensuivent inévitablement des conflits, voire des révoltes, dans lesquels l'agressivité verbale, matérielle ou physique se déchaînera. La relation du jeune zèbre avec ses parents et les adultes en général s'en trouve compromise, et en devient conflictuelle, parfois même impossible.

Cette brouille du jeune zèbre avec l'autorité et la loi se poursuit dans l'ordre scolaire. L'école est rigide : elle est fondée sur des règles, des codes et des lois régissant la conduite de tous les élèves selon un mode uniforme. C'est pourquoi ces élèves, allergiques à tout ce qui est établi de façon collective, n'y réussissent pas toujours à la hauteur de leur potentiel, voire y échouent franchement. D'une nature plus sauvage que leurs congénères, ils chérissent leur liberté d'action par-dessus tout. C'est ainsi qu'ils fonctionnent : ils adorent fureter, fouiner, fouiller, feuilleter le livre de la vie où ils veulent, comme ils veulent et quand ils veulent…

Ils ressentent la loi comme une vaine barrière, une convention superflue, un impératif inutile et réducteur. Pourquoi attacher sa ceinture en voiture, alors qu'elle peut blesser quand on freine ? Pourquoi s'arrêter au feu rouge s'il n'y a aucun danger ? Pourquoi être à l'heure pour le cours d'histoire alors que l'enseignant est souvent en retard ? Face à la loi, les jeunes zèbres se sentent frustrés dans leur désir d'aller plus vite que les autres pour atteindre leur objectif : satisfaire leur impérieux besoin d'exploration. La vie en collectivité ne leur réussit pas, l'enclos scolaire les étouffe : comme la chèvre de Monsieur Seguin, ils tirent sur la corde jusqu'à s'en libérer, plus attirés que dissuadés par la présence du loup…

Ils refusent d'aller en internat et en colonies de vacances, espaces régis par les mêmes codes que ceux de l'école, refusant obstinément de se soumettre aux principes établis et à la hiérarchie.

CONSEILS

Face au refus catégorique d'un ado, il n'est pas toujours facile de réagir de manière adéquate.

De manière anticipée, il faut probablement tout faire pour initier le zèbre à ces expériences quand il est encore enfant, une période à laquelle participer à une colonie de vacances, aller passer une semaine chez les cousins ou les grands-parents, suivre un stage de sport pendant l'été sont des expériences auxquelles il adhérera souvent, ce qui lui permettra par la suite de s'y projeter à nouveau. Lorsque votre zèbre est ado, n'oubliez pas que ce sont vous, les parents, qui décidez, vous seuls qui êtes responsables du bien-être de leur zèbre, mais aussi du bien-être de toute la famille. Si les autres membres de la maison commencent à souffrir d'une situation houleuse, la séparation sera nécessaire pour la sécurité de tous. Dans ce cas, demander à un tiers d'expliquer cette rupture provisoire peut être une bonne formule.

Le psychologue, le médecin, le directeur de colonie ou d'internat, etc. peuvent être ces tiers-là, qui ne sont pas engagés affectivement et sauront trouver les mots pour sortir le zèbre de son obstination, non pas pour le convaincre, mais pour lui dire : « Maintenant, c'est comme ça ! ».

Ils en ont pourtant besoin, dites-le-leur !

Il incombe aux adultes, aux parents en particulier, de faire valoir la nécessité de la soumission aux lois et aux codes, non seulement pour réussir à l'école, mais aussi pour vivre en société. Cette pédagogie du respect de l'autorité doit être l'ingrédient majeur de leur éducation, et ce, dès leur plus jeune âge. Ils ont absolument besoin d'un tel apprentissage de l'ordre pour canaliser l'énergie induite par la haute potentialité, pour maîtriser cette force qui les pousse comme malgré eux à d'incessantes et périlleuses explorations. Piloter une Ferrari, en effet, non seulement ne s'improvise pas, mais encore requiert du conducteur une vigilance accrue et peut même se révéler une activité des plus dangereuses si l'on ne respecte pas scrupuleusement le code de la route…

Le zébreau outrepasse les lois comme s'il s'agissait d'autant de clôtures l'empêchant d'aller plus loin dans sa quête de pâturages plus fertiles. Les parents ont donc la responsabilité majeure de les lui faire accepter, en usant pour cela d'une pédagogie adaptée, faite d'explication, de persuasion et de rigueur, faute de quoi il faut malheureusement s'attendre à ce qu'il rencontre de sérieuses difficultés dans ses relations aux autres et au monde.

💡 CONSEILS

Des sensations fortes pour mieux intégrer les règles

Quand le jeune commence à se montrer de plus en plus rétif aux codes et aux institutions, offrez-lui la possibilité de se confronter à d'autres lois, comme celles du sport. Lui permettre de faire alors un saut en parachute, un baptême de plongée, du rafting ou de la spéléologie, activités à risques et à fortes sensations, peut l'amener à comprendre la nécessité de suivre à la lettre toutes les consignes de sécurité. Dans ces disciplines, le zèbre n'est souvent plus maître à bord et doit alors, pour apaiser ses propres peurs, se plier aux règles données et faire confiance à l'adulte qui encadre l'activité. Il peut ainsi mieux comprendre pourquoi des règles régissent le fonctionnement des choses dans tous les domaines, et le fait d'éprouver, lors de ces activités, tant d'émotions fortes et souvent contraires (*excitation/angoisse* par exemple) le touchera de l'intérieur. Cela marquera de façon forte sa perception des choses. Ainsi estampillé de l'intérieur, c'est comme si de nouvelles routes s'ouvraient à lui, qui le conduiront peut-être vers plus de souplesse et d'acceptation des règles et des conventions.

À l'école comme dans la société, les règles sont généralement peu explicitées. Or, les lois scolaires et sociales seront bien mieux « négociées » si celles de la maison sont comprises et acceptées.

Comme ils ne cessent de poser des questions sur tout, les petits zèbres en viennent fatalement à remettre en cause les lois auxquelles on les soumet. Il est donc essentiel de leur expliquer pourquoi on exige d'eux un tel respect.

C'est dans cette exigence éclairée, dans cette « douce fermeté » que se trouve la clé du succès de l'éducation des zébreaux. Mais expliquer ne veut pas dire simplement répéter et répéter encore. En réalité, il faut absolument leur faire comprendre les principes qui sous-tendent l'autorité pour qu'ils l'acceptent. Cérébraux, ils ont tout autant besoin de comprendre que d'obéir. Tous les parents d'enfants à haut potentiel conviennent que lorsqu'on leur explique les choses, cela va mieux : ils y adhèrent plus facilement. Lever le voile sur les raisons qui justifient ce qu'ils considèrent comme des pesanteurs et des blocages les aidera à les admettre. En revanche, si les règles ne sont pas expliquées, ils se lanceront dans une recherche éperdue de leur pourquoi, c'est-à-dire de leur bien-fondé, ce qui constituera un véritable blocage à l'obéissance. Ils chercheront alors inévitablement à désobéir, pour mesurer les effets de la transgression... Quand la règle est expliquée, on demandera à l'enfant de la reformuler, pour qu'il puisse l'intégrer en s'entendant l'énoncer, on pourra lui demander de la schématiser, de le transformer en trace écrite, pour davantage de visibilité, puis on s'engagera dans un pacte d'engagement et de respect. Charge à lui de mettre alors en application cette règle, sous risque de réprimande

CONSEILS

En cas de conflit :

- **Restez avant tout exemplaire** en matière de respect des règles et n'imposez pas « votre loi », mais « la loi », c'est-à-dire les interdits qui rendent possible la vie de tous en société.

- **Soyez persuadé vous-même** que ce que vous imposez à ce moment-là à votre jeune est une loi humaine à laquelle tous sont liés. C'est cette conviction qui vous donnera le sentiment de légitimité.

- **Rappelez-vous qu'avoir de l'autorité n'est donc pas une compétence réservée à de rares parents.** Tous nous pouvons être des modèles d'autorité, si nous comprenons que l'autorité est un sentiment de légitimité fondé sur l'idée que nous transmettons une loi humaine. Ainsi en assumant votre autorité sans culpabilité et dans le respect de votre jeune, vous le rassurerez et lui rappellerez quelle est sa place : celle d'un être civilisé qui doit vivre avec épanouissement parmi les autres.

- **N'en venez pas aux mains, à la menace, au conflit ouvert :** être le porte-voix de la loi humaine ne doit en aucun générer du stress, de la culpabilité et se faire dans les cris. La confrontation physique doit être évitée. Transmettre les lois humaines, c'est ouvrir son jeune à un avenir et le rendre libre de vivre la vie qu'il se choisira !

et d'un rappel à la loi, qui, s'il devait se faire, se fera toujours par la voie écrite. « Ce que je n'arrive pas à retenir et/ou à appliquer, je l'apprends en l'écrivant ». En effet, s'il n'y parvenait pas, la sanction tomberait, car rien de pire que d'énoncer une règle, de l'expliquer, puis de constater son infraction sans intervenir. On constate que ces élèves à fort potentiel retiennent plus rapidement et efficacement les savoirs, les poésies, les drapeaux de tous les pays, que les règles. Dans certains cas, il peut être utile de les laisser subir les conséquences de leur désobéissance, de façon à ce qu'ils en tirent les leçons, saisissent le sens de la loi et puissent l'admettre et l'intégrer sans difficulté à leur univers mental. Pourquoi se coucher à telle heure plutôt qu'à une autre ? Rien de tel qu'un bon coup de fatigue pour le comprendre et l'accepter… Chez le zèbre, en effet, la transgression est perçue comme une méthode expérimentale. L'explication lui fournit alors le parce que du pourquoi qui lui manquait, le poussant à le chercher dans l'infraction.

> *Expliquez les règles à votre zèbre, ne les lui imposez pas simplement !*

TÉMOIGNAGE

Je me souviens quand j'avais 11 ou 12 ans, je passais mes vacances chez mes grands-parents, qui profitaient de l'été pour repeindre leur chambre à coucher. Le pot de peinture me paraissait intéressant et j'avais lu dessus « substance ignifuge », un terme que je ne connaissais guère à l'époque. Interrogeant mon grand-père sur sa signification, il me laissa sans réponse et sans attention d'ailleurs, trop occupé à ses travaux, tout en me sommant de ne point toucher au matériel. Bien sûr un tel ordre ne pouvait me laisser indifférent. J'avais compris qu'il y avait un lien avec le feu, car l'icône « feu barré » m'y laissait croire, je courus chercher les allumettes à la cuisine. Profitant de la pause déjeuner, je commençais alors mes expériences et bien que je ne réussisse guère à vérifier si la peinture était ou non inflammable. J'ai éprouvé ce jour-là la première grosse frayeur de ma vie : une allumette grillée, mais de toute évidence pas totalement inoffensive enflamma une bouteille d'alcool qui se trouvait non loin de moi et un retour de flamme me brûla les mains et le bras au second degré. Inutile de dire que depuis ce jour-là, je ne touche plus aux allumettes. Mes envies de baroudeur me sont complètement passées.

Adrien, 17 ans, QI = 139

C'est à la maison que doit se faire l'essentiel de ce travail d'explication et d'acceptation de la loi et de l'autorité. C'est aux parents de les amener à assimiler un certain nombre de lois et de règles, pour qu'ils puissent mieux « digérer » celles de l'école et de la société en général. Des parents trop flexibles, parfois eux-mêmes quelque peu désorganisés et peu soucieux de la référence à une et une seule règle commune, auront souvent davantage de difficultés à transmettre à leurs enfants, cette nécessité de se référer au cadre donné. L'enfant à potentiel élevé aura inévitablement besoin de trouver autour de lui, des adultes, porte-voix de la loi et aux conduites exemplaires et démonstratives.

« Je veux la justice ! »

Les jeunes gens sont particulièrement sensibles à l'injustice dans les rapports sociaux, ce qui amène certains de nos zébreaux – toujours prompts à défendre la veuve et l'orphelin – à se faire justiciers et redresseurs de torts. Si c'est là une caractéristique de tous les ados, les jeunes zèbres y sont particulièrement sensibles. Le haut potentiel est un concentré d'adolescence.

> **TÉMOIGNAGE**
>
> *Je me souviens de m'être un jour levé pour aller tout près du bureau, car le prof d'anglais accusait un copain d'avoir pris un CD qu'il ne trouvait plus pour nous faire passer le contrôle. Moi en anglais, je suis plutôt fort, du fait que ma mère est anglaise, et comme le prof ne me laissait rien dire et que moi je savais que ce CD n'était pas là en arrivant dans la salle, je lui ai parlé en anglais en l'insultant un peu. Du coup, j'ai été renvoyé du cours pour insolence, j'ai eu un zéro, le contrôle n'a pas eu lieu et au conseil de classe qui avait lieu quelques jours plus tard, les profs ont décidé que je n'aurais pas les félicitations, car j'étais impertinent et vaniteux. Ça n'avait rien à voir avec ça, je voulais juste qu'il n'accuse pas ce gars de quelque chose qu'il n'avait pas fait, c'est tout.*
>
> Jules, 14 ans, Q.I.T = 138

Leur sens aigu de la justice les pousse à s'inscrire, dans ce cadre, dans une démarche altruiste, à se soucier prioritairement des autres, à prendre leur défense à tout prix, au mépris de leur propre intérêt bien souvent. En fait, il s'agit surtout pour eux de ne pas laisser circuler une « contre-vérité » sans quoi leur propre équilibre s'ébranlerait. Plus que sensibles aux autres, ils sont surtout inexorablement attirés par un besoin de réponses et de vérités et en quête de faire régner l'équilibre, la justice. Ce n'est pas parce que le professeur accuse à tort Claire de bavarder avec sa voisine qu'il se fâche, c'est parce que pour sa propre sécurité, il faut que les situations soient analysées et traitées avec finesse et justesse. Claire, finalement, il la connaît peu, et si c'était Pierre, Jacques ou Paul, il aurait réagi tout à fait pareillement. En effet, dès qu'un enseignant sanctionne un élève à tort, le jeune zèbre ne peut laisser punir l'innocent sans réagir, il dénonce les faits et tente de rétablir la vérité avec le professeur.

Mais, pour peu que ces négociations tournent court, il se retrouve bien vite seul, incompris et privé de tout soutien... Quand le zèbre sait qu'il sait, lorsqu'il est conscient d'avoir raison, il est animé par un besoin vital de faire jaillir ou de rétablir la vérité et la justice : sans ces dernières, il a le sentiment de compromettre un équilibre, de briser une harmonie et d'y perdre la maîtrise de l'ordre des choses, indispensable à sa paix intérieure. Il est sans cesse à la recherche du parler-vrai et précis et n'hésite pas à s'exposer et à multiplier les risques dans ce but.

L'impérieux besoin de justice des petits zèbres se traduit également dans leurs relations avec les autres, que ce soit avec leurs parents ou avec leurs camarades. La convergence entre le dire et le faire est alors indispensable.

> **LE SAVIEZ-VOUS ?**
>
> L'intense soif de justice du zébreau se manifeste également à travers certaines préoccupations, souvent entretenues dès son plus jeune âge : réchauffement de la planète, extinction des espèces animales, rareté de l'eau, malnutrition, attentats, etc. sont autant de thématiques récurrentes dans son questionnement, très caractéristiques de la longueur d'avance qu'il possède sur les jeunes de son âge, généralement plus soucieux d'eux-mêmes que des maux qui affligent l'humanité. Ces problèmes deviennent de véritables soucis pour le jeune à haut potentiel, tournant parfois à l'obsession, comme s'il devait en trouver lui-même les solutions. Comme si le sort du monde dépendait de lui seul... Le ressort de cette angoisse reste bien sûr le besoin de comprendre le monde, de façon à préserver ou à rétablir une harmonie personnelle et universelle sans cesse menacée. Cette hantise peut parfois plonger certains zèbres dans une sorte d'autisme social, les confiner dans une bulle d'intériorité dans laquelle ils se recroquevillent pour mieux se protéger d'un univers dangereusement injuste et imparfait. Cela est difficilement compris et souvent mal vécu par l'entourage – par les parents en premier lieu –, d'autant plus que le repli perdure. Rappelez-vous alors où ce comportement trouve sa source.

Toutes les précautions verbales nécessaires devront être prises pour éviter des drames. Que l'on annonce quoi que ce soit – même quelque chose d'anodin – et que pour une raison ou une autre l'on ne puisse plus le faire, et l'harmonie de leur univers se trouve alors immédiatement menacée par le spectre de l'iniquité.

Pour eux, la justice, tant en parole qu'en acte, ne se partage pas, elle est une et indivisible : une tenue morale correcte est exigée dans les petites comme dans les grandes circonstances.

Des propos sans grande importance pour d'autres adolescents les blesseront profondément s'ils y décèlent la moindre injustice. Dotés d'une grande sensibilité, les forts potentiels ressemblent autant à des tortues sans carapace qu'à des zèbres. Dépourvus d'enveloppe protectrice et trop « collés » au monde extérieur, manquant de la distance qui leur permettrait de faire la part des choses, ils prennent la goutte d'eau pour le tsunami et se sentent menacés en permanence. Ainsi, très souvent, l'adolescent pourra refuser le matin de se mettre en route pour le collège, car la veille, un camarade s'est moqué de sa énième question posée au professeur d'histoire, car une camarade s'est autorisée un commentaire humiliant dans les vestiaires à propos de sa tenue de sport, car un autre élève encore a relativisé la mort d'un animal de compagnie. Toutes ces choses ne sont pas *de petites choses* pour l'élève hautement doué : ce sont des données qui l'émeuvent et le déstabilisent et qui peuvent générer un refus de se rendre en classe. Touché par tout, souvent submergé par ses émotions, le zèbre est surexposé aux intempéries de la vie.

Cette hypersensibilité à l'injustice poussera nombre de jeunes zèbres adultes à s'orienter vers les professions juridiques. Certains, inspirés par ce besoin de fouiller et d'aller au fond des choses pour en découvrir les vérités cachées, disent très jeunes vouloir devenir paléontologues ou archéologues. Ce n'est pas par hasard si beaucoup d'entre eux choisissent finalement de faire respecter la loi en s'orientant vers les métiers du droit. Leur réactivité particulière au monde les poussera aussi à participer aux débats politiques, philosophiques et religieux, scrutant partout les phénomènes pour mieux aller au fond des choses et trouver les réponses justes aux questions qu'ils ne cessent de se poser, sur l'injustice notamment.

Ces questions existentielles deviennent une sorte de rumination mentale pour le zèbre en recherche permanente de réponses claires, nettes et dignes de foi.

TÉMOIGNAGE

Être délégué de classe me permettait d'entendre les critiques des profs pour les élèves et de réajuster quand il y avait erreur de jugement. Car quand un prof n'apprécie pas un élève, c'est facile de le faire passer pour un ignorant. J'ai toujours pris cette fonction très à cœur, comme une responsabilité pour laquelle j'avais été choisi et que je voulais assumer au mieux. Et je pense que les copains pouvaient compter sur moi et sur mon sens de la justice...

Ludovic, 19 ans, Q.I.T. = 143

CHAPITRE

4

Le corps adolescent, ce mal aimé

La puberté et les changements corporels qu'elle amène constituent une étape particulière dans le développement de tout adolescent. Le haut potentiel et la précocité intellectuelle des zèbres amènent chez eux des réactions spécifiques, que ce chapitre vous aidera à comprendre.

L'adolescence et ses défis

Le jeune zèbre, comme tous les adolescents, évolue dans un environnement incertain où les ambiguïtés, les avatars et les embûches de toutes sortes s'amoncellent. Perdre son corps d'enfant n'est pas la moindre de ces épreuves. À l'apogée des capacités cognitives et réflexives, le jeune va devoir accepter que son corps lui échappe, souvent pour quelques années, et les plus fragiles vont évidemment traverser cette phase avec inquiétude et menace. Leur angoisse peut alors se fixer sur certaines métamorphoses, comme leur nez, leurs cheveux, leurs oreilles, etc., qu'ils ne trouveront plus conformes et qu'ils voudraient modifier. Ce corps en mutation rappelle à l'adolescent tout ce qui lui paraît si compliqué, à savoir qu'il ne peut pas tout choisir, tout maîtriser : il n'a pas choisi ses parents, ni sa génétique, ni sa taille ou son poids, etc. Il va falloir faire avec la réalité qui se trame sous ses yeux, ce qui peut expliquer que certains jeunes auront des comptes, plus ou moins importants, à régler avec leur héritage. Le piercing, la tenue gothique, la chevelure bleue ne seront pas réellement des choix, mais plutôt des coups de poing envoyés à la figure des adultes, pour leur dire : « Je choisis de me montrer dans un look qui génère l'inquiétude, pour mieux masquer ma propre inquiétude. » Exhiber ce ressenti semble apaiser celui qui l'expose !

Ainsi, la nécessité de se projeter dans l'avenir, de fixer des limites à ses projets et à ses choix, de structurer sa vie, de se transformer et de se « formater » lui-même suppose de douloureux renoncements et d'inquiétantes nouveautés. Sous l'impulsion du programme génétique, les caractéristiques de l'enfant vont se modifier et cette transmutation fera advenir « quelque chose d'étranger à soi ». Alors que le corps de l'enfant était essentiellement dévolu à ses parents, à qui appartiendra cette nouvelle entité ?

Un processus psychique destiné à « digérer » et à intégrer cette transition se déroule pendant l'adolescence. Une étape cruciale de la maturation consiste à investir mentalement la puberté. Chez le zèbre, cet investissement psychique se produit de façon très anticipée, longtemps avant que la métamorphose soit éprouvée dans le corps.

Et chez les zèbres ?

Les enfants à potentiel spécifique commencent généralement à poser des questions sur les thèmes de la mutation, de l'identification ou de la sexualisation dès leur dixième année. En effet, qu'ils cohabitent avec des élèves plus âgés du fait des sauts de classe ou qu'ils préfèrent fréquenter leurs aînés plutôt que leurs pairs, ils se font les témoins privilégiés des bouleversements de l'adolescence, ce qui ne manque pas de leur fournir de multiples sujets d'inquiétude.

Ils comprennent ainsi qu'eux aussi devront passer par cette phase de mue et qu'il leur faudra abandonner leur corps d'enfant, pour revêtir une carapace d'adulte. Nos zèbres, qui aiment par-dessus tout contrôler les concepts et les situations, se rendent alors compte avec appréhension qu'ils sont bien loin de maîtriser les tenants et les aboutissants des déroutantes transformations de leurs aînés.

CONSEILS

Avant l'adolescence...

Les 7/8 premières années de sa vie, prenez soin de l'enveloppe corporelle de votre enfant :
- en dédiant une attention toute particulière aux soins des cheveux,
- en soignant les ongles,
- en prenant soin de la peau,
- en le massant de temps à autre, et
- en choisissant des vêtements adaptés aux activités.

Ainsi, dès le début de sa vie, l'enfant s'aperçoit de l'importance de bien vivre dans son corps, éprouve des ressentis de confort et de bien-être, et comprend qu'il est précieux, mais aussi fragile, réactif et qu'il mérite une belle attention. Faire découvrir à son enfant des ressentis corporels favorables, les accompagner par un toucher doux et respectueux, des paroles bienveillantes et positives, seront les meilleures préventions pour la traversée de l'adolescence, car le corps garde en lui, la mémoire de ces rencontres initiales.

... et pendant !

Quand l'enfant grandit, pensez à :
- l'inviter à se rendre en parapharmacie pour trouver des crèmes et lotions pour son type de peau ;
- respecter son intimité en lui laissant, le week-end par exemple, la salle de bain à disposition pour se faire des masques, des épilations, prendre soin de ses cheveux et de son image ;
- prendre rendez-vous chez un dermatologue, chez un gynécologue. Ces professionnels seront capables, dans l'intimité de leur cabinet, de donner les informations au sujet de ce corps en mutation.

Ce sont là des prolongations de conduites faciles à encourager si elles ont été initiées pendant son enfance.

« L'important, c'est ce que j'ai dans ma tête ! »

L'adolescent à potentiel spécifique entretient une relation particulière avec son corps en développement. La précocité de ses questionnements corporels et sa hantise de perdre l'emprise sur les choses le perturbent. Son cheminement – essentiellement intellectuel – interroge avant tout les questions de fonctionnement. À quoi mon corps va-t-il ressembler, à quoi a-t-il abouti ? Comment évoluera-t-il, et surtout, comment le dompter et l'amener à se conformer à mes désirs ?

Il prend soudain conscience qu'il est confronté à une profonde évolution de son être, à une mutation totalement indépendante de sa volonté. Comment et jusqu'à quand va-t-il grandir ? Cette question sans réponse est plus que troublante pour le jeune zèbre, lui qui a fait de l'intelligence son refuge...

Le paradoxe est que le zèbre va souvent se désintéresser de ce corps encombrant, de ce bruit de fond, parasitant la pertinence de ses perceptions. Il va donc le nier, l'enlaidir, le cacher sous des vêtements passés de mode ou le laisser à l'état « naturel », en friche, sans la moindre adjonction, prétextant son dédain du « superflu ». En le méprisant sur le plan esthétique, le jeune zèbre tente de le maîtriser au niveau cérébral. Cela lui est d'autant plus commode qu'il ne cherche pas vraiment à s'identifier aux autres. Contrairement à l'immense majorité des adolescents, il n'est pas régi par le souci de s'intégrer à un groupe d'appartenance, car il s'est toujours senti différent. La quête des vêtements et des chaussures de marques, ce n'est vraiment pas son genre. Il perçoit cette obsession coutumière des ados comme une regrettable uniformisation, un grave manque d'individualité et une dépense inutile. Ici, notre zèbre en devenir détourne le solide bon sens dont il est pourvu à des fins moins évidentes, à savoir le déni, voire le dénigrement de son embarrassante enveloppe corporelle. Ne l'intéresse que le vêtement pratique et confortable, qu'il gardera jusqu'à ce que son corps ait trop grandi et qu'il ne puisse plus rentrer dedans. Le jeune zèbre ne se sent bien que dans sa défroque d'usage courant et ne désire rien revêtir d'autre que sa rassurante « peau d'âne ». Le véhicule qu'est son corps est conçu par lui en tant qu'essentiellement utilitaire. Ce n'est pas un signe extérieur de richesses personnelles ou un instrument de séduction.

Pas d'ostentation, d'exhibition, de recherches esthétiques ou de signes d'appartenance, donc, ni de vêtements élégants et à la mode, de coiffures recherchées, de tatouages ou de piercings, mais la tenue la plus pratique possible. On remarquera ici le fossé qui le sépare des autres jeunes, si manifestement angoissés par leur apparence…

TÉMOIGNAGE

– Quand je vois les autres jeunes de mon âge, j'ai plutôt du mal à comprendre pourquoi c'est si important que ça d'avoir des marques. Moi je n'accorde pas d'importance à ces trucs, je pense que l'argent ne devrait pas être utilisé à ces fins.
– Pourquoi ?
– Parce que – très basiquement c'est du gaspillage – c'est inutile de payer des vêtements deux fois plus chers parce qu'une marque est cousue dessus. Moi, je fais plus attention, en principe, au confort et de plus en plus je m'intéresse au pays d'origine pour ne pas acheter de produits susceptibles d'être fabriqués par des enfants. Je cherche la mention U.E. et non Nike ou Lacoste ou je ne sais quoi d'autre.

Jules, 13 ans, Q.I.T. = 132

L'enveloppe corporelle est donc souvent négligée chez les zèbres adolescents, qui privilégient dès lors l'entretien de la tête au détriment des soins corporels, et cela d'autant plus qu'ils éprouvent les plus grandes difficultés à maîtriser ce corps en devenir.

À un âge où les filles se soucient généralement beaucoup de leur apparence, les zébrettes ne cherchent pas à se faire belles. Elles dédaignent la mode et ne désirent pas être séduisantes ni attirer les regards. Elles s'habillent de façon essentiellement pratique, pour être « à l'aise dans leurs baskets » et sans la moindre coquetterie. Elles préfèrent de loin investir dans les livres plutôt que dans les vêtements de marque.

Le zèbr'ado, qu'il soit garçon ou fille, est le plus souvent anticonformiste. Il faut avouer qu'il ne fait pas mentir le cliché de « l'intello » toujours plus ou moins en décalage avec le troupeau dans sa façon de s'habiller. On l'entend souvent dire : « Je me fous de comment est mon sac, l'important, c'est ce que j'ai dans ma tête. » Si on lui donne une palette de couleurs pour faire un dessin, il n'en utilisera qu'une seule.

Le résultat, en l'occurrence, n'a pas à être beau, l'important, c'est le message, c'est ce qu'il veut faire et ce qu'il cherche à dire. Il prend l'exercice pour ce qu'il est : un test psychologique, pas un atelier d'art…

Dans le même ordre d'idées, son sens aigu de la justice le pousse à ne pas gaspiller l'argent dans les futilités qui attirent tant de jeunes et d'adultes. La vraie valeur, ce qui compte vraiment, c'est la connaissance. Le zèbr'ado préférera porter des lunettes plutôt que des lentilles, même si les lunettes font « ringard » et que les lentilles sont à la mode, parce que les lunettes sont moins chères et que l'essentiel, c'est de bien voir. La jeune fille ne s'encombrera pas souvent d'un sac à main, mais se contentera d'un sac à dos, plus pratique et sécure. L'esthétique et le « look » ne les concernent pas !

Le mépris des apparences et l'anticonformisme les isolent des autres adolescents et ils peuvent avoir des difficultés à se faire des amis ou même

> **TÉMOIGNAGE**
>
> *Les fringues c'est important, mais sans plus, je ne cours pas après la mode, mais je m'habille cool, plutôt avec un look sportif et pratique. Je n'achète jamais d'habits de marque, c'est trop cher pour ce à quoi ça sert. J'ai toujours privilégié la fonctionnalité, par exemple comme j'adore étudier, lire et passer mon temps perchée dans ma cabane, je ne vais pas y monter en jupe-talons : déjà parce que je n'ai pas ce genre de tenues à disposition, ensuite parce que ça ne me correspondrait pas du tout et surtout parce que ça ne serait en rien pratique. Je ne serais pas à l'aise.*
>
> *Agnès, 15 ans, Q.I.T. = 141*

Chapitre 4 • *Le corps adolescent, ce mal aimé*

des camarades. Le zèbr'ado est un vilain petit canard, qui patauge à côté de jeunes cygnes qui se pavanent. Il est de la même mare, mais pas de la même eau...
Ce questionnement autour du corporel, c'est-à-dire de l'intérieur, de l'intime et de l'incontrôlable n'est pas évident pour l'adolescent à haut potentiel. Il peut trouver un prolongement parfois dangereux dans la remise en question non seulement de ce monde intérieur, mais aussi dans celle du monde extérieur : la famille proche en particulier, et toute la société en général. La construction identitaire, fragilisée par cette absence de stabilité, court le risque de se réaliser de façon marginale ou pathologique. Dans ce cas, le jeune peut s'ancrer dans un dangereux déni de la réalité, rejeter ses transformations corporelles et refuser d'accéder à un développement sexuel équilibré. Cela peut conduire, dans les cas les plus extrêmes, à une fuite dans l'anorexie ou la boulimie, par exemple.

À quoi faut-il être attentif ?

Quand une grève de la faim à titre personnel s'impose comme unique moyen d'exister

Quand l'adolescent éprouve un profond mal-être et des difficultés à se « mettre au monde » avec sa propre identité, il existe des risques de troubles du comportement alimentaire, l'anorexie notamment.
Celle-ci concerne 1 à 2 % de la population, essentiellement des filles, dont nombre d'adolescentes intellectuellement avancées. L'anorexie permet à la zébrette de garder un certain contrôle sur son corps au moment précis où il commence à lui échapper. Prendre l'alimentation comme cible lui donne alors l'illusion de pouvoir continuer de maîtriser sa vie. En refusant de nourrir son corps, elle reprend la main, se donne l'illusion d'en dominer les incontrôlables métamorphoses et jubile de cette toute-puissance retrouvée. Or, cette attitude autodestructrice, si elle perdure, conduit à des impasses et, dans les cas extrêmes, parfois même à la mort. Bien que les causes de cette pathologie soient complexes et controversées, les professionnels s'accordent néanmoins sur une probable interférence de plusieurs facteurs, à la fois métaboliques, génétiques, psychologiques et relationnels. Les jeunes les plus exposées à ce trouble seraient les adolescentes, très bonnes élèves, manquant de confiance en elles, recherchant l'autonomie et la maîtrise de leur propre corps...
Ces adolescentes s'enferment donc dans une préoccupation excessive pour l'alimentation, s'efforçant de la limiter au maximum pour satisfaire leur obsession de la minceur, malgré une maigreur qui finit par s'imposer, mais qu'elles ne peuvent admettre. Elles passent ainsi leur temps à courir, à faire du sport et à se dépenser physiquement, menant de front l'exercice corporel et le travail intellectuel, pour mieux maîtriser et s'approprier leur existence.

CONSEILS

Jusqu'à 7/8 ans, j'invite les parents à réfléchir à l'idée de proposer à leurs enfants des repas musicaux, pour les dîners par exemple, certains soirs ordinaires. En effet, après une journée de travail ou d'école, où chacun a souvent eu son lot de conflits et d'irritabilité, prendre un dîner musical et non centré sur la parole peut être un beau moment de retrouvailles pour tous. Avant 7 ans approximativement, un enfant ne doit pas être encouragé à être en « poly-tâche » ; or manger et parler mobilisent le même organe, la bouche, et l'enfant ne peut pas à ce moment-là de son évolution faire les deux correctement. Souvent alors, les repas s'éternisent, l'enfant finit par manger un menu froid ou pire encore, par se faire gronder par moult rappels à l'ordre de terminer son assiette. Prendre son repas accompagné d'une ambiance musicale, donc bénéficier de ce que je nomme un concert-dîner, où personne ne parle, permet ainsi de passer un agréable temps autour de la table, qui garantira à l'enfant de ne pas entendre ses parents évoquer des sujets sensibles, ni lui d'être questionné sur ses résultats ou relations de la journée. Le temps du repas ne devrait jamais être associé à un déballage des problématiques de la journée et ainsi toujours être préservé de toutes sources de conflit. C'est ici la meilleure prévention en faveur des troubles alimentaires de l'adolescence.

Bien sûr, lors des autres soirs, des anniversaires, fêtes ou tout autre repère du calendrier qui fait sens pour la famille, un repas parlé pourra être encouragé, tout en veillant à ce qu'il ne tourne pas aux règlements de compte ! Pour les adolescents, proposez de temps à autre ces dîners musicaux, notamment quand il y a des fratries, car ils garantissent alors à tous un moment d'apaisement autour de la table. Bien sûr, dans ces cas, après le dîner, le parent ira voir avant le coucher chacun de ses enfants dans sa chambre, pour parler avec lui, en toute intimité, de sa journée. Cette technique a l'avantage de respecter la vie de tous et ne pas placer l'un ou l'autre en difficulté. Parler de ses résultats ou de l'appel téléphonique du professeur le soir au dîner ne regarde finalement que lui et ses parents et non ses frères et sœurs. Les repas du week-end sont cependant généralement moins source de conflits, car les tensions sont à ce moment-là davantage apaisées.

Ces jeunes filles perdent beaucoup de leur féminité, elles n'ont plus leurs règles et leur aspect longiligne contribue encore à les désexualiser. C'est une pathologie sensible chez les adolescentes à fort potentiel, lesquelles, dès les petites années déjà, n'étaient que peu intéressées par l'alimentation, préférant nourrir la tête que le corps. Pourquoi les adolescentes à haut potentiel pourraient-elles être plus vulnérables à cette pathologie ? Leur besoin de contrôle et leurs questionnements au sujet de thèmes sociétaux, comme la faim dans le monde, le massacre des animaux, la malbouffe, pourraient ici s'exprimer, car si elles doivent admettre leur incapacité à interférer efficacement au sujet des drames de l'humanité, elles peuvent par contre contrôler leur silhouette, leur propre vie et, par ce biais, quelque peu améliorer le monde. Leur angoisse montante face à l'avenir peut ici quelque peu s'exprimer, car l'anorexie mentale, comme son nom l'indique, est avant tout dans la pensée : perdre du poids pour ne pas se perdre soi-même, et comme la tête ne peut s'alléger, car pleine de questions, de souffrances, d'incompréhensions, c'est le corps qui doit s'alléger. Sur ce corps, l'adolescente peut exercer un pouvoir, elle peut décider de ne plus le nourrir, de ne plus l'alimenter et le contraindre à des restrictions drastiques. L'anorexie mentale lui semble donc offrir une forme de bénéfice au cerveau, car, là où précédemment siégeaient multitudes de questions sans réponses, vont à présent prendre place moult informations au sujet des calories, des aliments à éviter, à supprimer, à limiter, etc. La tête va ainsi se vider des questions existentielles et se remplir de données nutritionnelles et sportives, avec la jouissance qui va en découler : celle de pouvoir maîtriser son corps jusqu'à parfois flirter avec la mort. Les rituels qui s'en suivent, les TOCs et tout le cortège d'activités physiques vont ainsi mobiliser toute la pensée, mais aussi la vie entière de l'adolescente, qui aura le sentiment de vivre « déconnectée », sur un nuage, là où finalement elle se sent bien, car isolée et esseulée. Car comment garder intact ses liens aux autres, que ce soit avec sa famille ou ses amis, quand toutes les préoccupations se centralisent autour *de manger moins et bouger plus*. Utiliser les troubles alimentaires pour exprimer un mal-être identitaire est alors une solution à portée de main ; affamée de reconnaissance, souvent passionnée et passionnante, mais incapable de trouver sa place dans une société, qu'elle trouve injuste et inhumaine, la maladie viendrait occulter d'autres souffrances, elles indicibles. En effet, quand les troubles alimentaires apparaissent, souvent le corps devient une armure, une carapace qui permet de tenir à l'écart, les dangers venant de l'extérieur ; la jeune fille craint les changements pubertaires, la sexualité naissante, l'image du corps en perpétuelle mouvance et arrêter de manger lui permet, croit-elle, de gagner du temps ou de le retenir. S'affiner toujours plus, pour atteindre l'essence même de sa personnalité, pour toucher du bout des doigts pourrait-on dire ce besoin d'absolu, de perfection et de vérité, qu'elle cherche depuis toujours. Mais ce corps peut aussi basculer dans une prise de poids déraisonnable et des conduites boulimiques peuvent apparaître. Grossir pour se donner de la consistance, pour affronter cette vie dans laquelle elle ne trouve pas sa place, pour se cacher derrière des kilos en trop et ne plus être jolie à regarder, car les yeux d'autrui sont perçus comme des scrutateurs indésirables et menaçants. Bref, se gaver ou se priver, la jeune fille à haut potentiel utilisera souvent la cible alimentaire pour traverser cette adolescence qui lui fait si peur. Depuis quelques années, nous nous appuyons sur des planches projectives, dessinées par l'une de nos anciennes consultantes, et qui permettent une identification facilitatrice aux troubles alimentaires. Cyrielle, l'illustratrice des planches, avait 18 ans au moment de ces réalisations picturales, dessinées dans un premier temps pour se soulager elle-même de ses douleurs et de son sentiment d'être incomprise. Quand quelques années plus tard, elle réussit à enrayer ce cercle infernal de l'anorexie-boulimie, elle me les confia, afin qu'elles puissent servir à d'autres dans l'expression de leur mal-être. Je les utilise ainsi souvent comme médiateurs, en invitant les jeunes à les décrire et à réagir autour des planches, proposées dans l'ordre où elles avaient été dessinées par Cyrielle, toutes très chargées, en symbole et en sens. Vous en voyez quelques exemples sur cette page.

Suis-je vraiment qui je vois ? Sinon qui suis-je ?

Perdre le match

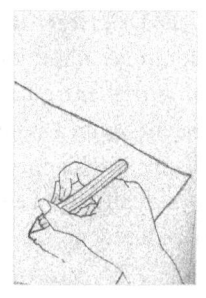

Je fais le vide autrement

LE SAVIEZ-VOUS ?

Dans notre cabinet, nous accueillons ces jeunes filles autour d'une prise en charge en trois volets :
1. thérapeutique,
2. diététique et
3. sophrologique.

L'accompagnement thérapeutique, souvent long, proposera d'abord un espace de paroles sécure et apaisé pour une mise en mots et en sens de cette impossibilité de s'alimenter convenablement. Quel sens vient prendre ce contrôle excessif de la nourriture et pourquoi rechercher cette maigreur, qui va faire fuir les autres ? Par la suite, à l'aide du casque de réalité virtuelle, des saynètes alimentaires seront visualisées, afin de réencoder très progressivement des images autour d'aliments, puis de repas.
En diététique seront abordées toutes les données bucco-dentaires et d'hygiène alimentaire. La surveillance du poids en étroite collaboration avec le médecin se fera dans le cadre de l'approche diététique et l'adolescente sera aussi invitée à tenir à jour de façon quotidienne un carnet alimentaire, afin de la responsabiliser et surtout de la sensibiliser par rapport à ses prises nutritionnelles.
L'approche sophrologique, apportera confiance et détente, car ces jeunes filles, souvent angoissées et nerveuses, tant elles cherchent à tout contrôler, évoluent dans un corps qui finit par leur faire mal, avec notamment des maux de ventre et de dos. Apprendre le lâcher-prise, apprendre à se relaxer et à s'ouvrir à des techniques de méditation, mais aussi apprendre à manger en pleine conscience sont des nouvelles approches vers lesquelles nous les conduisons, pour leur permettre progressivement de retrouver un comportement alimentaire apaisé, ajusté, qui ne les préoccupe plus en permanence.

Cyrielle est à présent une belle jeune femme de 25 ans, qui a enfin trouvé sa voie, son amour et qui commence à vivre de sa passion : le cinéma. Le vide qu'elle cherchait tant à installer en elle, car probablement dans sa jeunesse, elle s'est sentie transparente, inexistante, inintéressante, à grandir auprès de parents qui ne s'aimaient guère et n'étaient pas assez « vivants » et structurants a fini par céder pour laisser émerger la possibilité de s'aimer, d'être aimée et de s'autoriser à vivre son amour au grand jour, avec un compagnon de plus de 20 ans son aîné. Enfin exister autrement qu'à travers un trouble, même si parfois les démons du passé aimeraient venir à nouveau la secouer, mais son parcours thérapeutique associé à sa haute intelligence devrait lui permettre à présent d'aller vers des horizons plus ensoleillés ! Qu'elle soit remerciée ici, de la profondeur de nos échanges et du matériel légué.

Faire saigner son corps pour exister

Certains adolescents à potentiel spécifique ont malheureusement une tendance à l'automutilation, les filles notamment. Toucher ainsi son corps les aide à prendre conscience de leur enveloppe et les rassure sur leur propre être : « Si mon corps me fait mal, c'est que j'existe. » De plus, lorsque le jeune ne se sent véritablement pas bien, une telle persécution du corps exhibe, et donc officialise, les souffrances psychiques. Une tête qui souffre, ça ne se voit guère, mais des poignets entaillés qui saignent, cela saute aux yeux ! Les jeunes en se faisant ainsi mal, cherchent à se réapproprier leur identité (« Mes scarifications sont ma souffrance à moi »), et cette façon de reprendre le contrôle les rassure. Ces inscriptions dans la peau les rendent uniques, comme s'il s'agissait d'une certaine façon de rejeter leur ADN pour s'en constituer un autre, et en même temps ces mutilations attirent tous les regards et inquiétudes des parents. Les jeunes repoussent tout l'héritage familial et dans le même temps, ils ne veulent pas être abandonnés de leurs parents. En se comportant de la sorte, ils savent qu'ils vont avoir toute leur attention, toute leur bienveillance. Être aux prises avec de telles contradictions est violent, car il n'y a pas d'issue d'une certaine façon. L'adolescent échappe à une forme de paralysie puisqu'il devient actif en se faisant mal, mais en même temps, ces agissements vont entraîner encore plus de contrôle parental, qui ne se sentiront pas autorisés à le lâcher. L'adolescent ne veut pas mourir, mais au contraire reprendre le contrôle de son corps et de sa vie, et pour lui éprouver de vives douleurs physiques lui donne le sentiment de gommer ses douleurs psychiques.

> ## TÉMOIGNAGE
>
> *Je me souviens quand ma fille avait 14 ans. La première fois que j'ai vu ses bras cicatrisés, j'ai d'abord fait semblant de ne pas les remarquer. C'était le jour de la fête des mères, nous étions tous en famille sur la terrasse, il faisait chaud et elle ne voulait pas retirer son pull alors qu'elle portait un tee-shirt sous celui-ci. Elle ne cessait de remonter ses manches et plus elle faisait ce geste, plus je me sentais mal, de voir ce que je pensais ne jamais voir chez elle. J'ai su de suite de quoi il s'agissait et je me suis sentie envahie par un immense sentiment d'incompétence. Moi qui n'avais qu'une seule fille, ma fille chérie que j'étais allée chercher au bout du monde, je n'avais pas vu qu'elle n'était pas bien, alors que je croyais qu'on était proches et qu'elle me disait tout. Ce jour-là, je n'ai rien dit et dès le lundi, j'ai appelé son pédiatre pour avoir de l'aide, mais lui non plus ne savait pas quoi me dire. Donc j'ai appelé la psychologue de l'aide sociale à l'enfance, celle qui s'était occupée de Louison au moment de son arrivée en France et qui a su de suite me rassurer et me donner des conseils. J'ai compris que ce qu'elle exprimait avec cette automutilation avait du sens pour elle, que faire souffrir de la sorte son corps était aussi une façon de se le réapproprier, elle qui avait de toute évidence souffert de violences corporelles au tout début de sa vie. Quand pour son 18e anniversaire, elle m'a dit qu'elle aimerait se faire un tatouage, précisément à cet endroit-là de son corps, sur son poignet gauche, nous avons reparlé longuement de sa période de scarifications et j'ai alors compris que ces gestes étaient pour elle comme un rituel, comme un passage d'une peau à une nouvelle peau, qu'elle n'avait finalement pas si facilement accepté son adoption, ni d'ailleurs son Q.I. élevé, toutes ses différences en fait, malgré tout l'amour que je pensais lui avoir donné et toutes les explications qu'elle avait pu avoir.*
>
> *Mme L, maman de Louison, Q.I.T. = 142*

Ainsi ces violences cutanées auto-infligées viennent dire et surtout exhiber un profond mal-être identitaire, une souffrance à vivre et à exister. La peau est par ailleurs facilement accessible et les entailles, mêmes superficielles peuvent laisser des traces irréversibles, comme une empreinte qui à jamais, va venir appuyer l'identité du jeune. Pour David Le Breton, les scarifications n'ont pas valeur de passage à l'acte, mais d'acte de passage, comme si pour certains, il s'agissait de souffrir dans le corps pour franchir des paliers, ici celui d'être reconnu comme un adolescent avec des besoins spécifiques, des fonctionnements particuliers. Ces automutilations qui, est-il besoin de le rappeler, ne sont pas – au même titre que les autres pathologies dont il peut éventuellement souffrir – propres à l'adolescent à haut potentiel, peuvent néanmoins être l'expression d'une douleur mentale particulière, d'une peine qui ne parvient pas à s'exprimer.

Ce mal qui ne trouve pas ses mots, il l'écrira donc sur son propre corps, sur sa peau, sur cette enveloppe muette qu'il va déchirer, entamer, couper, briser, comme on brise le silence. Ce « cri du corps » lui permet ainsi d'exprimer son angoisse, de se réapproprier son mal-être et de garder le contact avec le réel, car la scarification soulage toujours d'une tension tout en conservant la maîtrise. C'est un véritable acte de rupture pour sortir d'une situation douloureuse, acte qui s'inscrit dans le visible, dans le sociétal et qui pour le zèbr'ado va parfois lui permettre de s'identifier aux autres ados. En effet, dans certains cas, ce comportement détache le zèbre de ses parents et le rapproche de certains de ses congénères en proie aux mêmes difficultés, notamment celle d'avancer vers cet âge adulte, aujourd'hui peut-être plus anxiogène qu'hier.

💡 CONSEILS

- **Ne faites pas comme si vous étiez aveugles** : des scarifications servent à être vues, donc il faut aborder ces messages accrochés sur la peau de votre jeune comme des façons, certes maladroites et douloureuses, de vous dire des choses. Aucun jeune ne se scarifie pour faire du mal à un tiers, parents ou camarade, mais il se scarifie pour se soulager lui-même, d'une grande souffrance, souvent psychique, mais pas toujours non plus.
- Prenez sur vous et ne projetez pas vos propres sentiments, **ne lui reprochez rien non plus**.
- **S'exprimer est toujours positif.** Même si cette façon de procéder est brutale, accueillez la souffrance de votre jeune avec compassion et ouverture.
- **Utilisez les mots justes pour en parler** : « scarifications » ou « blessures » et non « bêtises » ou « conneries », qui d'emblée jugent et fermeraient toute discussion.
- **Prenez l'initiative d'ouvrir le dialogue** et demandez-lui ce qui lui ferait du bien, de quoi il aurait besoin pour être mieux.
- Dans un premier temps, **proposez-lui d'autres supports pour exprimer sa peine** : un cahier, un morceau de bois à taillader, un habit à découper, un punchingball, etc. Reconnaître qu'il a des choses à dire, des choses qui lui font mal à l'intérieur et l'aider à trouver en dehors de son corps, des moyens pour les exprimer, est la seule démarche d'aide parentale possible à ce stade.
- Ensuite **aidez-le à aller en parler à un thérapeute**, un tiers qui ne le jugera pas, qui ne le culpabilisera pas et qui gardera confidentiellement, le poids de sa souffrance. Par ailleurs, le thérapeute l'aidera à élaborer ce qui se passe pour lui et lui restituera une vision structurante de ce passage qu'il traverse.
- **Dédramatisez autant que possible** en vous rappelant que ce comportement est toujours transitoire et que bien sûr, **les parents n'en sont pas responsables** !

Trouver sa peau pour exister

Même en l'absence d'automutilations, la peau reste la cible privilégiée du dévoilement des problèmes que les jeunes zèbres ont dans la tête. C'est ainsi qu'on constate, chez certains d'entre eux, des troubles dermatologiques dont les analyses ne révèlent aucune cause biologique et qui résistent aux traitements médicaux de toutes sortes.

L'exemple des dermites, c'est-à-dire l'apparition d'une inflammation sur certaines zones de la peau qui pèlent et se desquament, est très significatif. Il n'est pas rare de rencontrer des zèbr'ados à la peau totalement abîmée, comme criblée de balles, tant certaines mises en mots deviennent parfois impossibles. La peau se mue alors en page sur laquelle l'inconscient va écrire et crier sa douleur. La peau a manifestement une fonction essentielle, au même titre que les autres organes vitaux. L'histoire de Juliette, que vous pouvez lire ci-dessous, nous en a convaincus.

En septembre 2000, Juliette a onze ans et entre en 5e. C'est une classe totalement différente de celle de l'année précédente. Bien qu'elle n'ait pas eu de véritables amis en 6e, ce changement la bouleverse, car, dit-elle, « il fallait de nouveau apprendre à faire semblant d'être comme ceux-là, de rire sur mesure, de râler sur mesure ou de se taire devant leurs commentaires à deux sous ». Cette situation nouvelle et imprévue la déstabilise complètement, mettant à défaut les stratégies qu'elle avait mises en place l'année passée. Juliette sent qu'elle a grandi et mûri et craint que la « mise en scène » savamment orchestrée en 6e soit inopérante cette fois-là. Cette impasse psychologique provoque un tel état de détresse morale que celle-ci est diagnostiquée comme l'une des causes prédominantes dans l'apparition de sa dermite. La peau, frontière entre le dedans et le dehors, objet de relation, limite du corps, trace des âges qui passent... La peau, à la fois rempart et vitrine de l'intime, est sans aucun doute la partie du corps la plus à même d'exprimer la souffrance de Juliette.

Juliette a appris à lire toute seule, à l'âge de cinq ans, en regardant l'émission « Des Chiffres et des Lettres », elle a créé ses premières compositions musicales à sept ans, ses premiers poèmes à huit. Elle réussissait

> **CONSEILS**
>
> Si votre jeune semble en souffrance avec son enveloppe corporelle, pensez à lui offrir un soin du corps, en institut ou dans un spa ; se faire masser par un professionnel, se faire poser un vernis, bénéficier d'une pédicure, aller se faire bichonner dans un espace détente et bien-être, etc. peuvent être des démarches de réconciliation avec un corps en souffrance. Compléter cette initiative par un renouvellement de son sous-linge, investissez dans l'achat d'une coiffeuse et de produits de soins. Pour un jeune garçon, lui offrir un saut en parachute ou un trek en montagne par exemple peuvent être des suggestions intéressantes.

en classe sans le moindre effort, mais n'avait pas d'amis de son âge, car ses questionnements et ses jeux n'étaient pas ceux de ses pairs. Pourquoi n'a-t-elle pas été repérée par les adultes ? Les ados ne s'y trompent pas, eux. Peut-être parce qu'ils sont « sans filtres » bien souvent.Probablement pour ne pas brouiller l'image que les autres lui renvoyaient d'elle : celle d'une enfant parfaite en tout point et qui n'avait donc pas à exprimer d'émotions dérangeantes ni à éprouver de souffrances particulières. Cette enfance en sourdine ne pouvait alors que préparer un réveil adolescent fanfaronnant. C'est ce qui s'est passé, dès la pré-adolescence, au moment où les manifestations physiologiques, corporelles et psychologiques de la puberté sont vives, brutales et souvent excessives.

Il est généralement admis aujourd'hui que l'apparition d'un psoriasis dépend de causes multiples, tant génétiques, immunologiques et environnementales que psychologiques. Les antécédents familiaux de Juliette ne présentaient pas de signes, même minimes, d'affections cutanées, et la jeune fille elle-même n'avait eu jusque-là ni acné ni dermatose d'aucune sorte. On peut ainsi présumer que son affection dermatologique était largement liée à une dimension psychologique. En effet, la peau, parce qu'elle particulièrement visible, est soumise au regard des autres dans la vie sociale et au regard de l'autre dans la vie amoureuse. Quand elle est alors abîmée par le psoriasis, l'estime de soi peut être affectée et grandement fragilisée. C'est ce qui est arrivé à Juliette : son psoriasis est venu cristalliser ses difficultés relationnelles préexistantes à sa maladie.

Juliette devenant pubère, avec tous les changements corporels et psychiques que cette étape induit, s'est retrouvée fragilisée dans son image. Cette insécurité, accrue par sa dermatose, devait sûrement servir comme un écran entre elle et ses nouveaux camarades, qu'elle n'avait cette fois-ci plus envie de séduire. Le psoriasis devait lui permettre, d'une certaine façon, de devenir un refuge, un prétexte, pour éviter toute confrontation avec les autres, confrontations concernant aussi bien ses pairs, ses parents, que sa nouvelle vie affective et sexuelle à présent naissantes. Juliette comprit, au cours de sa thérapie, qu'avec et grâce à sa dermatose elle pouvait pour la première fois de sa vie, s'opposer à ses parents et ne plus coller à l'image parfaite qu'ils lui avaient façonnée : tous les traitements médicaux avaient échoué, elle qui n'avait connu que des réussites, et c'est par une approche du sujet, de ce qu'elle était vraiment, qu'elle pourra retrouver, se fabriquer une nouvelle peau, sa peau.

Le psoriasis de Juliette venait parler en son nom et pointer du doigt ses failles ; chez cette jeune zèbrette, devenir propriétaire de sa vie a nécessité un passage par le corps, passage d'abord douloureux, autant physiquement que moralement, puis passage vers une révélation libératrice et salvatrice.

CHAPITRE 5

Les relations

Nouer des relations est un besoin qui grandit en même temps que l'adolescent. Cette exigence va de la camaraderie aux liaisons sentimentales en passant par l'amitié et le désir de se faire accepter par le groupe. Quels rapports les zèbr'ados ont-ils avec le reste du troupeau ? Comment se développe leur vie relationnelle et affective ?

L'entrée dans les processus délicats de l'adolescence est naturellement... précoce chez les jeunes zèbres. Leurs rapports au corps et à la sexualité sont généralement un peu plus compliqués que la normale. Soucieux de ne donner à voir que ce qu'ils maîtrisent parfaitement (ce qu'il y a dans leur tête), ils ne soumettent qu'avec réticence leur encombrante enveloppe corporelle au toucher. Cette méfiance vis-à-vis d'un objet si proche et pourtant si étranger et rebelle à leur contrôle mental entraîne parfois dérives et dérapages dans leurs relations.

Touche pas à mon corps !

Dans la plupart des cas, les ados à haut potentiel ont ainsi beaucoup de mal à accepter que les autres les touchent, les embrassent ou leur fassent la bise. Donner sa main ou se laisser embrasser, n'est-ce pas littéralement offrir sa chair à l'autre ?

Comme vous l'avez vu précédemment, le corps du zèbre, parce qu'il échappe à son contrôle mental, peut être désinvesti.

La proximité physique, ressentie comme une promiscuité, les dérange et les déstabilise. Ils tentent donc par tous les moyens de renforcer leur « cuirasse » et de la tenir à distance minimale de sécurité, pour la protéger de contacts potentiellement dangereux. Cette attitude systématiquement défensive est source de tensions relationnelles, sur le plan sexuel notamment, quand l'organisme trop longtemps désinvesti est brusquement réveillé par les transformations biologiques et physiologiques de la puberté. Beaucoup plus à l'aise avec les désirs de l'esprit qu'avec ceux de la chair, ils se montrent très maladroits, et leurs tentatives pour entrer en contact avec l'autre sexe demeurent généralement « archaïques ». Ainsi, faute de pouvoir embrasser avec délicatesse, de façon naturelle et spontanée, le zèbr'ado garçon pourra carrément « sauter » sur la jeune fille, une brusquerie essentiellement causée par le manque d'expérience dans l'utilisation de son corps.

On le voit, loin d'être un romantique, le zèbre veut avant tout connaître et maîtriser les mécanismes de la sexualité. Dans ce contexte, son corps devient naturellement un objet d'expérience dont il convient de comprendre et de tester les modes d'emploi. La découverte et l'exploration des pratiques sexuelles trouvent ici toute leur place...

Prêt à tout pour savoir comment ça marche

L'esprit du zèbre va donc éprouver, bien plus tôt que sa chair, un besoin pressant d'expérimenter les différents usages de la sexualité. Les passages à l'acte ou simulations ne sont pas rares, dans les cours d'école ou lors de voyages scolaires, le plus souvent entre jeunes du même sexe et juste pour voir si et « comment ça marche », comme ils disent. Bien que pour ce sujet sensible, nous ne disposions pas de chiffres, dans l'intimité de mon cabinet, j'entends depuis plus de 20 ans ce genre de témoignages, souvent, bien sûr, des années plus tard, quand l'ado est devenu adulte.

Ainsi, ce jeune garçon à potentiel spécifique qui, dans la cour du collège, mima l'acte sexuel avec une jeune fille du même âge. C'est bien une démarche exploratoire qui le pousse à tester les gestes interdits dans ce contexte. De tels dérapages sont fréquents chez les zèbr'ados.

Évidemment, ces tentatives grossières et prématurées sont généralement très mal interprétées par l'entourage, qui ne manquera pas d'en culpabiliser les auteurs, perçus à tort comme des pervers en puissance. Pourtant, en les écoutant attentivement, sans à priori, en leur permettant de se purger de leurs véritables ressentis, on découvre leurs motivations réelles : ces actes déroutants sont – au même titre que les autres – le fruit de leur irrépressible besoin de savoir, de comprendre et de se comprendre. Être petit dans le corps et grand dans la tête, ce n'est pas si facile !

Pour qu'une relation normale puisse s'établir, il faudrait qu'ils prennent le temps de la construire, mais, comme ils veulent tout, tout de suite, l'échec est bien souvent inévitable. Les zébreaux font tout très vite, ils survolent une foule de choses et oublient de s'arrêter, de chercher, pour se consacrer à ce qui ne s'apprend pas dans les livres : la connaissance de l'autre et l'apprentissage des rapports que l'on entretient avec lui. Tout petits, déjà, ils rechignaient à procéder par tâtonnements, se refusant à faire d'abord leurs exercices dans le cahier d'entraînement. Pourquoi cette perte de temps quand on sait rédiger avec succès directement dans le cahier journalier ? Une fois adolescents, fonctionner par essais et erreurs leur semble tout autant contre-productif, et ils confondent prendre son temps et le perdre. Or, toute relation – qu'elle soit amoureuse ou amicale – réclame du temps, de la préparation, des efforts et des rituels. Très savants en beaucoup de choses, ils ignorent tout des dimensions temporelles et corporelles des rapports humains.

Ils peuvent aussi être très accros aux films pornographiques, et la toile propose aujourd'hui moult scènes et images qui embrouillent l'esprit des adolescents. Cette démarche provient toujours de leur besoin de compréhension. Ils se savent peu doués en matière de sexualité et aller chercher depuis leur chambre à coucher des informations visuelles sur internet leur donne le sentiment d'apprendre et de devenir performants en matière de relations intimes. Comme dans tous les domaines, ils ont besoin de tout savoir et de vite comprendre, mais confrontés à ces images crues, ils ne parviennent pas à prendre le recul nécessaire et peuvent alors penser que les orgasmes à répétition et les érections interminables sont à prendre pour argent comptant. Certaines zébrettes, quant à elles, doivent parfois avoir recours à l'interruption volontaire de grossesse, car, persuadées qu'elles maîtrisent parfaitement leurs cycles, elles n'ont pas besoin de contraception, puisqu'elles pensent savoir parfaitement calculer le risque ! Souvent aussi, leurs premières relations sexuelles arrivent un peu par hasard, avec des partenaires la plupart du temps plus âgés, voire nettement plus âgés, à qui elles n'osent pas nécessairement avouer leur virginité ou leur peu d'expérience, elles qui brillent sur tous les autres plans. La grossesse peut

LE SAVIEZ-VOUS ?

Bien sûr, tous les jeunes visionnent tôt ou tard des films X, mais à l'inverse des zèbres, les autres ados, plus entourés d'autres jeunes et plus à l'aise dans les liens à l'autre sexe, parviennent souvent mieux à relativiser les images vues et à les laisser aux acteurs. Mais les adolescents à haut potentiel, habitués à performer dans tous les domaines, à garder le contrôle en toutes circonstances, auront souvent des difficultés à plaider cette forme de maladresse, pourtant nécessaire à accepter dans la mise en route de sa sexualité, et chercheront parfois à faire l'amour avec leur tête, en appliquant ce qu'ils pensent être leurs théories. Or dans relation sexuelle, il y a une *relation*, et la relation se construit et s'apprivoise ; c'est un échange émotionnel qui n'appartient pas à la théorie, mais à la pratique.

alors se présenter comme un coup du destin qui vient leur enseigner que le
« contrôle total n'existe pas » ou encore venir les rassurer d'une certaine façon :
« Je suis capable d'être comme les autres ! » ; car si je suis enceinte, c'est aussi
que quelqu'un s'est intéressé à moi.

> ## TÉMOIGNAGE
>
> *Cette relation avec mon prof d'éco, je la sentais arriver et pour tout dire, je pense avoir réussi à l'intimider et à le manipuler probablement grâce à ma finesse d'esprit. Moi, je sais très bien que je ne suis pas victime de quoi que ce soit, mais bien plutôt responsable de toute cette situation. Je n'étais pas inscrite à ce voyage pour Rome, car mes nombreuses absences du premier trimestre avaient laissé penser mes parents que je ne serais plus scolarisée au dernier trimestre de l'année, comme c'était le cas l'année précédente. Sauf que là, j'étais plus que motivée par mon prof d'éco : enfin quelqu'un qui s'intéressait à moi et qui semblait me comprendre. Je passais mes récrés à lui parler, il m'avait donné son numéro de téléphone et ça a commencé comme ça, par des SMS, tous les soirs, depuis mon lit. Puis est arrivé ce voyage pour Rome, que je n'aurais manqué pour rien au monde. C'était le deuxième soir. Dans la journée, je m'étais sentie mal et j'avais profité du retour à l'auberge de jeunesse de ma prof de français, qui venait de se faire une entorse, pour la raccompagner. Donc en soirée, quand les autres élèves sont revenus, le prof d'éco est venu me voir, me plaignant d'avoir manqué toutes les visites de l'après-midi, et là j'ai joué à la pauvre fille malchanceuse tout en sortant mes atouts de séduction, à savoir ma culture. J'avais l'après-midi regardé sur la toile les différents lieux de visites, pour le soir étaler mon savoir et l'impressionner, ce qui a bien sûr fonctionné. C'est ainsi probablement que j'ai atterri dans ses bras le soir même et que mon enfance s'en est allée au cours de cette nuit. Pour moi, enfin je faisais quelque chose comme les autres, et mieux encore, peut-être avant les autres et avec notre prof d'éco. C'était une revanche sur la fille paumée que j'avais toujours été. Heureusement que je ne suis pas tombée enceinte, que ni mes parents ni personne n'ont jamais appris cette aventure et que la fin de l'année était 4 semaines plus tard. À ma rentrée de terminale, mon prof d'éco n'était plus là et son numéro de téléphone ne donnait plus suite. J'ai passé tout l'été d'abord puis des mois ensuite à le rechercher sur les réseaux sociaux, mais sans succès et aujourd'hui, plus de 8 ans après, je pense encore à lui, le seul mec de ma vie, puisque maintenant, je vis avec une compagne, homosexualité à présent totalement assumée.*
>
> *Emy, 27 ans, Q.I.T. : 136*

Quand l'heure arrive de quitter les siens

C'est à l'heure où il lui faudra quitter l'enclos familial pour se tisser des liaisons personnelles que va donc souvent lui manquer l'expérience de « terrain » de la sociabilité... Le zébreau, sur la longue route de l'accession à la vie sociale, se comportera à la façon d'un prototype composite et déjanté, assemblage hétéroclite et brinquebalant d'un moteur de Ferrari qu'on testerait dans la carcasse d'une 2CV pilotée par un débutant... Nous avons déjà parlé de cette caractéristique des hauts potentiels appelée dyssynchronie, ce contraste entre une intelligence extrêmement développée et une affectivité à la traîne en comparaison. Cette tendance entraîne généralement des perturbations dans les relations aux autres, qu'ils soient enfants ou adultes, et explique leur difficulté à se sentir à l'aise dans un groupe. C'est ce qu'on appelle la dyssynchronie sociale.

Le plus souvent, ils cherchent à se faire des amis d'enfants ou d'adolescents plus âgés, dans l'espoir d'entretenir avec eux des relations jugées plus intéressantes et plus solides qu'avec leurs pairs. Dans le même but, ils rechercheront la compagnie des adultes, pour être mieux compris et échanger d'égal à égal. Évidemment, ils courent le risque d'être déçus et en viennent rapidement à se dire qu'ils ne sont bien nulle part ni avec personne.

Beaucoup quitteront alors le troupeau pour mener une vie d'ânes sauvages solitaires, se mêlant peu à la vie des autres, au risque de se faire épingler et de subir les moqueries et les provocations de leurs camarades. D'autres, les zébrettes le plus souvent, adopteront une stratégie apparemment plus subtile pour éviter d'être mises à l'index : elles renonceront à leurs spécificités, préférant être copines avec tout le groupe, mais amies avec personne. Elles en payeront alors le prix fort, celui d'un déficit d'identité, d'un renoncement à soi et de l'inhibition d'une part essentielle de leur personnalité...

Plutôt sous-doué en relation !

Le zèbre adolescent est un handicapé du relationnel. Il n'a pas eu le temps d'établir les interactions profondes et durables nécessaires à son équilibre émotionnel, il ignore généralement que les rapports humains se cultivent, se tissent et se nourrissent d'autant d'expériences particulières, qu'ils ne fonctionnent pas selon des schémas théoriques prédéfinis. Les aptitudes à la connaissance sont de peu d'utilité quand il s'agit de « faire connaissance »...

Il ressemble en cela à un insolite jardinier, qui ne tirerait son savoir que de ses nombreuses lectures, fuyant soigneusement le contact des plantes, par crainte du tétanos et des petites bêtes...

Les fréquentations mettent l'autre en jeu, et l'autre, par définition, ne se maîtrise pas. Toute relation privilégiée, même désirée, est donc ressentie par le zébreau comme inquiétante et dangereuse.

Lorsque, après beaucoup d'efforts, une relation de ce type a pu enfin se nouer, il la voudra unique, profonde et authentique, parce qu'il va tout y donner sans calculs et tout croire de l'autre sans nuances. Il fera l'impossible pour le garder, sans faire la part des choses ni se rendre compte qu'une telle jalousie risque fort d'étouffer l'amitié ou de tuer l'amour.

Le jeune zèbre va au-devant de grandes désillusions et de profondes déceptions si les choses, comme c'est souvent le cas, ne se passent pas tout à fait comme prévu. S'il préfère mettre tous ses œufs dans le même panier, c'est parce qu'il l'a bien en main et que cela lui permet de retrouver un semblant de contrôle sur une situation imprévisible par nature. Mais alors, gare à l'accident !

La tendance au tout ou rien, en effet, est un trait saillant de la vie des zèbr'ados. Dans le premier cas, la relation n'existe pas ou demeure très virtuelle : refusant d'être réduits à l'état d'objet par le toucher, ils cherchent à protéger leur corps de tout contact en gardant constamment une distance de sécurité avec autrui.

Dans l'autre, la relation est totalement investie et assortie d'une revendication d'exclusivité. Une telle attente, bien trop possessive, risque fort de ne jamais être comblée. La plupart des adolescents ne peuvent se résoudre à se passer de relations plurielles.

Ce surinvestissement de la relation privilégiée provoque souffrances et sentiments de trahison lorsque cette exigence n'est pas satisfaite. S'ensuit alors une culpabilité exprimée par des aveux du genre : « Je ne comprends même pas pourquoi j'avais tant espéré de lui » ou « Il ne méritait pas mon amitié. »

Ces relations d'amitié connaissent, comme toutes les autres, des hauts et des bas, mais dans le cas des jeunes à haut potentiel, et particulièrement

> **TÉMOIGNAGE**
>
> *Sur le plan scolaire tout va très bien, mais sur le plan relationnel c'est bof et même pire qu'au début de l'année, car il y a maintenant dans d'autres classes des gens qui ne m'apprécient pas et qui parlent de moi en négatif. Je supporte très mal ce rejet, mais je crois que je devrai m'y faire.*
>
> Barbara, 15 ans, Q.I.T. = 146

> **CONSEILS**
>
> Pour aider votre zèbre à développer de nouvelles relations, pensez également à des structures comme l'ALREP, dans le sud de la France. Elle propose aux jeunes des vacances, sous forme de colonies et de camps, exclusivement réservés aux zèbres et dont les encadrants sont eux-mêmes tous des personnes à haut potentiel.

chez les filles, il faut être attentif au contrecoups causé par un conflit ou une rupture.

Il peut aussi arriver qu'ils soient complètement isolés des autres à l'école. Ils deviennent alors des élèves à part, parfois dotés d'un look particulier, méprisant la mode ou l'élégance au profit de l'utilité et du confort. On les taxera « d'intellos » ou d'originaux. Même s'ils ne sont pas rejetés, ils éprouvent bien des difficultés à intégrer le groupe et à nouer des relations normales avec les autres élèves.

D'une façon générale, donc, qu'ils soient garçons ou filles, les zèbres peinent à entrer et à se situer dans la relation. À moins que, situation forcément plus rare, deux zèbres n'en viennent à se rencontrer : les choses se passent alors plutôt bien, la relation étant souvent plus profonde et plus stable.

> **CONSEILS**
>
> Si vous observez que votre ado continue à éprouver des difficultés à nouer des relations d'amitié avec d'autres jeunes de son âge, encouragez-le à se rapprocher du milieu associatif spécialisé dans l'accueil des jeunes à haut potentiel[1]. C'est souvent là l'occasion de nouer des liens avec ses pairs. Gardez à l'esprit que quitter le nid ne peut se faire de manière positive que si un relai vers d'autres liens a pu se créer. Veillez donc à ne pas attendre la fin de l'adolescence pour favoriser la création de ces nouvelles relations !

Trouver leur place dans une société où tout est normalisé est un véritable défi pour les forts potentiels. Dédaignant les convenances, fâchés avec les rituels et les nuances, leurs relations et leur sociabilité ne sont jamais bien assurées.

Il n'est certes pas facile de vivre constamment en marge des normes de la société. Les zèbres doivent donc apprendre à nuancer, à mesurer et à temporiser leurs relations pour qu'elles deviennent plus « normales » et plus durables, tant sur le plan social que sentimental.

Un surinvestissement des relations virtuelles

D'autres encore investiront massivement les relations virtuelles, bien moins dangereuses et pour cette génération de moins de 20 ans, qui a souvent baigné dans la culture des écrans, l'impact peut être fort. Le monde de la réalité virtuelle, grâce à ses astuces technologiques, peut constituer un substitut à une réalité parfois vécue comme difficile. Et les adolescents à haut potentiel, plus encore que les autres jeunes, vont souvent y trouver le confort recherché d'une relation.

---

1. Une liste d'associations se trouve en fin d'ouvrage.

En effet, avec ces techniques interactives, le jeune peut s'adonner à de nouvelles rêveries et constructions de liens, mais aussi basculer dans un scénario de dépendance, d'addiction au virtuel. Il peut être pris dans une conduite quasi compulsive et s'installer dans l'illusion d'être « populaire », d'avoir comme les autres, des « amis », qui ne seront en réalité que des partenaires de jeux ou de « faux-amis » ; branché sur une telle réalité virtuelle, exclusivement et en continu, ce collage à une relation ou à un jeu peut bien sûr devenir dangereux et le déconnecter plus encore de la « vraie vie ». L'adolescence n'est pas seulement un âge de la vie, une simple étape, mais un véritable processus psychique lié en grande partie à la survenue de la puberté, qui va faire naître un corps nouveau et obliger l'enfant devenant pubère à mener un travail psychique pour intégrer ces métamorphoses tout en préservant une certaine continuité avec son passé. Le jeune va devoir passer par un véritable investissement de soi, mais aussi et simultanément devoir investir l'autre, travail peu aisé pour le zèbr'ado, qui jusqu'alors avait souvent peu investi et le soi et l'autre !

En fait, devenir soi passe par cette capacité à s'adapter à des situations nouvelles, à accepter que les changements qui se produisent en soi ne sont que peu contrôlables. Et c'est ici que le virtuel va s'immiscer, car il va permettre au jeune de rêver le monde sans se préoccuper de cette réalité douloureuse qui s'impose à lui ; le virtuel, comme les jeux de rôle ou encore les relations sur les réseaux sociaux, vont venir anesthésier les changements qui se produisent à l'intérieur du jeune, car pour le virtuel, le contrôle est possible grâce à la manette ou la souris ! Avec les écrans, on peut s'essayer à être un autre, on peut emprunter l'identité d'un tiers ou s'en créer une de toutes pièces, on peut devenir femme ou homme, changer de parents et même de vie. Cet espace de jeu participe par tous les travestissements qu'elle autorise, à l'illusion que tout peut se contrôler et que l'on est seul maître de son destin. Et se montrer tout en se cachant convient si bien au zèbr'ado dont la fragilité de la perception qu'il a de lui est souvent exacerbée.

Quand ces univers virtuels occupent le centre de la vie du jeune, sans nuance ni possibilité de s'en séparer, leur usage excessif traduit la difficulté que vivent ces zèbr'ados à supporter l'incertitude, à nouer des liens aux autres et à prendre le risque d'être critiqué, rejeté, déprécié ; c'est bien aussi pourquoi il faut veiller à la déscolarisation, car si elle apporte des réponses à l'instruction, elle favorise aussi le repli social du jeune.

> **CONSEILS**
>
> Les possibilités offertes par la technologie peuvent aussi être positives. Ainsi, à la fin de l'année 2017, un réseau social nommé Zebraclick a vu le jour, destiné à mettre en relation les zèbres. L'initiateur de ce groupe, constatant le vide à ce sujet, et percevant les difficultés des personnes à haut potentiel à entrer en relation, à se créer des liens, a voulu offrir au plus grand nombre la possibilité d'échanger ou de se rencontrer. En quelques semaines, des centaines de membres ont rejoint ce groupe.

CHAPITRE 6

Après la tempête, le calme ?

Au sortir d'une enfance agitée pendant laquelle ils ont remué ciel et terre pour étancher leur insatiable soif d'apprendre, après avoir changé plusieurs fois de pâturages, d'écoles et d'activités en quête d'un improbable refuge, épuisés par de vaines recherches d'adaptation à leur milieu naturel, beaucoup de zébreaux se mettent littéralement à hiberner.

Refusant de se métamorphoser davantage, ils n'ont plus la moindre envie de quoi que ce soit : léthargiques, amorphes, réduits à leur plus simple expression, ils ne veulent plus rien faire, pas même aller à l'école. En friche, ils se cloîtrent dans leur chambre, avec pour tout compagnon leur cher ordinateur, machine merveilleuse de tous les savoirs et de tous les possibles, la seule qui réussisse encore à les tenir quelque peu en éveil.

> **TÉMOIGNAGE**
>
> *Je n'ai pas pu y aller, à l'écrit du bac de français, et pourtant je voulais y aller, mais ça a été impossible. J'ai paniqué et paniqué, à la limite du méga malaise et voilà. Et ça m'énerve maintenant, et encore plus mes parents, qui ne comprennent pas mon état.*
>
> *Alexandre, 17 ans,*
> *Q.I.T. = 150*

Jeunes adolescents, prêts à tout pour fuir les difficultés apparemment insurmontables, liées à leur fragilité et à leur inadaptation aux normes sociales établies, nos zèbres en impuissance semblent n'avoir d'autre choix que d'entrer en hibernation. Ils se réfugient alors à l'intérieur d'une épaisse carapace d'indifférence, et, de leur cocon d'opiniâtre désaffection, coupent toute communication avec le monde qui les entoure.

Le zèbr'ado se retrouve enfin seul avec lui-même, en toute passivité, dans la sécurité ambiguë de ses idées bien affirmées, intransigeantes et péremptoires. Étrange, incompréhensible comportement pour des parents plus habitués à canaliser les débordements d'un enfant remuant !

Le zèbre en hibernation ?

La plupart de ces zèbres au bois dormant, fort heureusement, ne font que traverser bovinement une longue période de calme plat. Repliés sur eux-mêmes, totalement coupés de leur entourage, avachis et désertés par le feu sacré, ils ne font carrément plus rien. Mer lisse, silence radio total. Avis de tempête à craindre ? Rassurez-vous : cette phase de retrait, presque obligée, n'est pas nécessairement malsaine. Il y aura cependant lieu de s'inquiéter lorsque dérapages et accrochages se feront trop prégnants. Mal négocié, ce virage peut se révéler dangereux et parfois conduire à des pathologies plus graves ; il faut donc y être vigilants.

Se sentant désespérément « nuls » et non avenus, des zèbr'ados en souffrance auront tout le loisir de cultiver leurs idées suicidaires en ce jardin trop secret. Certains passeront à l'acte. D'autres chercheront l'asile des paradis artificiels. La drogue les aidera à anesthésier leurs angoisses sociales et à faire taire leurs questions existentielles, plaies béantes si souvent amputées des réponses indispensables. Selon Xavier Emmanuelli, plus qu'une conduite de fuite des réalités stricto sensu, l'addiction résulte – dans leur cas encore plus que dans d'autres, peut-être – d'une « réaction à l'impression énorme, insoutenable, d'être réel sans réponse parmi un monde de fantômes[1]. » Aujourd'hui plus qu'hier, les jeunes trouvent à portée de mains toutes sortes de produits, qu'ils consomment souvent comme des petits pains. Anesthésier, oublier, moins souffrir devient une quête obsessionnelle de tous les instants et ils sont malheureusement nombreux à échafauder des plans risqués pour parvenir à leurs fins. Jules, 14 ans, déscolarisé, n'hésitait pas chaque matin, quand ses parents avaient quitté la maison, à s'endimancher, pour disait-il « faire plus adulte et ne pas me faire contrôler à la caisse », prendre la direction du supermarché, pour aller y acheter son alcool du jour, auquel il rajoutait tantôt un paquet de gâteaux, tantôt des yaourts, pour

---

1. Prélude à la symphonie du Nouveau Monde. Éd. Odile Jacob, 1998, L'insoutenable légèreté, p. 61.

« faire plus vrai », prenant la précaution de changer régulièrement d'enseigne pour éviter de devenir un client habituel.

La sortie d'hibernation dépendra tout autant de l'environnement dans lequel vit l'adolescent, de ses parents et de leur relation avec lui, ainsi que de ses ressources personnelles. C'est ce qu'illustre le cas d'une famille dont les deux fils ont des potentiels spécifiques. La mère était venue consulter pour le cadet. Jeune adolescent, celui-ci refusait toute activité et s'enfermait dans sa chambre en permanence, prostré devant son ordinateur à longueur de journée. Ces comportements de repli sur soi avaient poussé le médecin de famille à l'envoyer en consultation à mon cabinet.

Les parents de ce jeune zèbre étaient le plus souvent absents, englués dans leurs activités professionnelles : livré à lui-même depuis l'enfance, il n'avait pu développer sa capacité à communiquer, ni avec ses parents ni avec personne. Son hibernation n'en finissait pas et devenait de plus en plus inquiétante : refusant tout échange, il semblait s'enliser dans un vide perpétuel et en vint à être déscolarisé. Les parents et les thérapeutes craignaient qu'il ne bascule dans la pathologie mentale.

Les causes de cette situation remontaient peut-être à un passé familial difficile, qui n'offrait pas beaucoup de possibilités d'entretenir une relation privilégiée avec ses parents. Confié dès trois mois à des structures collectives, à de jeunes baby-sitters, subissant de nombreuses ruptures dans ses liens, justifiées par les déménagements répétés de ses parents, ce garçon n'avait pas eu la possibilité d'édifier des bases affectives sécurisantes. Comme un paquet, il avait été déposé ici et là, sans s'en plaindre d'ailleurs, car la lecture occupait alors tout son univers. Dans ces conditions, les difficultés ne pouvaient que surgir à l'entrée dans l'adolescence.

Sa sortie d'hibernation était devenue problématique parce que rien ne lui permettait de se défaire de la carapace dans laquelle il s'était réfugié pour repousser l'angoisse de la crise d'adolescence. Situation courante chez tous les jeunes, et les hauts potentiels, évidemment, sont loin de faire exception…

Son frère aîné, zébré comme lui, s'en était bien tiré, bien qu'ayant dû grandir dans le même environnement, c'est-à-dire avec des parents tout aussi souvent absents. Mais, étant le premier, et surtout, le désiré, ils lui avaient accordé davantage d'attention et d'affection durant son enfance, ce qui l'avait armé pour affronter avec succès sa phase d'hibernation adolescente.

Il avait puisé dans ses réserves aux moments critiques, à savoir dans un capital affectif que son frère n'avait manifestement pas pu engranger, étant le deuxième garçon, alors que ses parents

> *Dans tous les cas, gardez le contact avec le jeune pour éviter un repli total. L'enjeu thérapeutique passe au second plan.*

voulaient une fille. Après une courte période d'hospitalisation, un diagnostic de haute potentialité confirmé et expliqué, cet adolescent a intégré une section réservée aux candidats zébrés, quittant sa famille pour une famille d'accueil, où il a su trouver une nourriture affective plus riche et nouer des liens plus authentiques. Sa traversée de l'adolescence ne fut pourtant pas toute simple, et, après avoir emprunté quelques routes sinueuses, dans lesquelles la rencontre avec l'alcool aurait pu l'anéantir, il retrouva vers 18 ans, des voies moins dangereuses, plus académiques, démarra des études dans la Police, qu'il achève actuellement, ayant enfin le sentiment d'exister et d'être utile.

Pas de fatalité donc dans les crises des zèbr'ados : de ces deux hauts potentiels dans la même famille, l'un s'en est bien sorti et l'autre moins, tout au moins à un moment de sa vie. Manifestement, parce qu'ils n'ont pas bénéficié de la même nourriture affective et qu'ils n'ont pas été pris en charge de la même façon par les parents.

CONSEILS

Nul besoin de répéter ici que les problèmes de l'adolescence en général et de l'hibernation des zèbres en particulier, sont étroitement liés au vécu de leur enfance.
- En tant que parent, ou si vous avez la charge d'un zèbre, il est essentiel que vous lui accordiez une attention particulière et personnalisée, pour l'aider à construire les fondations de sa « maison », c'est-à-dire, dès l'âge le plus tendre, à engranger les ressources affectives nécessaires pour traverser sans dommages la difficile période d'hibernation de l'adolescence.
- Si votre zébreau n'est pas encore parvenu à l'adolescence, essayez de l'aider à établir une relation sécure et de confiance avec un thérapeute : si son repli devenait trop sévère, cela lui permettra d'oser faire la démarche de le revoir, ce qui est alors très souvent possible.
- Les nouvelles technologies peuvent aider à maintenir ou restaurer ce contact. Ces dernières années, nous faisons, en plus des entrevues au bureau, de plus en plus souvent des entretiens par Skype, certains jeunes ayant quitté la région, voire la France, et ne voulant pas à ce moment sensible de leur vie initier des liens avec un nouveau professionnel. Reprendre le contact avec le psychologue qu'ils ont jadis rencontré, chez qui ils ont parfois passé des tests, est alors plus facile et permet en principe un très rapide transfert. D'autres pourraient parfois géographiquement se rendre au cabinet, mais sont englués dans leur chambre, parfois piégés dans des phobies de transport ou encore des dysmorphophobies (la crainte d'être laid ou difforme), et pouvoir ainsi leur proposer des visio-consultations peut être une façon d'éviter le repli complet des jeunes, de ne pas les égarer et leur apporter du soutien.

> ### TÉMOIGNAGE
>
> *L'histoire d'un jeune, rencontré à l'âge de 15 ans, illustre bien à quel point ces zèbres ont besoin de leur famille pour pouvoir sortir sans trop de casse de ce dangereux repli sur soi de l'adolescence. En pleine hibernation, il avait lui aussi décidé de ne plus sortir de sa chambre et de ne plus communiquer avec qui que ce soit, allant jusqu'à faire ses besoins par la fenêtre et à solliciter des plateaux-repas, qu'il consommait seul, devant son ordinateur. Après huit jours d'un tel régime et face à l'inquiétude grandissante de ses parents, les pompiers et les équipes médicales ont délogé ce zèbr'ado manu militari. Une période d'hospitalisation suivie d'une convalescence en maison de repos et consolidée par une thérapie familiale ont permis à ce jeune garçon de reprendre le chemin de ses pâturages favoris. Mais son goût pour les études s'était évaporé et, dès qu'il le put, il se lança dans de petits jobs qu'il ne tenait guère, se lassant rapidement des missions qui lui étaient confiées. Aujourd'hui, à plus de 25 ans, il habite encore sous le toit de ses parents, avec lesquels ses relations sont satisfaisantes. Il lui semble urgent d'attendre pour prendre son envol dans la vie, et son départ pour la savane des adultes n'est sans doute pas pour demain matin...*
> *Cette histoire reflète le parcours de beaucoup de jeunes surdoués : indépendants très tôt, à la recherche de sensations fortes plus précocement que les autres, ils se sentent parfois démunis quand ils doivent véritablement devenir autonomes, car pour beaucoup, les liens aux autres restent fragiles.*

Repli ou pas, la vigilance est de rigueur !

Il peut arriver que certains potentiels zébrés, plutôt que d'entrer en hibernation, de se replier sur eux-mêmes et de faire le vide autour d'eux, entrent dans une zone de turbulences, caractérisée par des comportements de révolte contre l'autorité, mêlant consommation de drogues et fugues, manifestations de désobéissance et d'insoumission. De telles attitudes, plus violemment réactives, plongent leurs racines dans le même terrain de sentiments d'inutilité et de difficultés d'adaptation que l'hibernation, et conduisent au même résultat : l'arrêt des études. Ces zèbres redevenus sauvages se mettent en marge de la société, rebelles à toute institution, quelle qu'elle soit.

TÉMOIGNAGE

Je suis rentré au lycée militaire à 14 ans, pour ma seconde et contre toute attente, je m'y suis assez vite bien senti. Pourtant j'avais proclamé haut et fort à mes parents que je fuguerais, que je n'en voulais pas, de l'internat, et très vite, j'ai trouvé là-bas une vie communautaire dont j'avais besoin. Peut-être aussi le fait de me retrouver avec des élèves dont les parents étaient aussi militaires et qui avaient donc souvent bougé m'a-t-il permis de m'identifier aux autres. Très vite, cette discipline ne m'a plus posé aucun problème. C'était strict, mais juste, et ça c'était important pour moi. Nous étions tous en uniformes, ce qui m'a sorti de mon rôle de « paumé des fringues » dans lequel j'avais été toutes les années du collège. C'est à Saint Cyr aussi que j'ai appris à réellement m'investir dans le sport, et que j'ai enfin compris l'importance des protocoles, des codes, de la hiérarchie, car tout y était militarisé.

Antonin, 19 ans, Q.I.T. = 140

LE SAVIEZ-VOUS ?

Certains parents choisissent l'internat lorsque leur enfant entre dans l'adolescence, pour lui éviter les dérapages. Le zèbr'ado est alors séparé de la maison. Cela peut se révéler efficace. Sans clé personnelle, en compagnie d'autres adolescents dans le dortoir, le repli sur soi devient pratiquement impossible. Boudé pendant près de 30 ans par la pédagogie, on note cette dernière décennie un véritable regain d'intérêt pour l'internat et savoir le proposer à l'adolescent à haut potentiel peut être judicieux, notamment quand de nombreux signes de repli ont été repérés. Terminée l'image d'Épinal du pensionnat – prison pour têtes brûlées, soumis à l'autorité d'un corps professoral tyrannique : aujourd'hui, les pensions prennent plutôt l'allure de grandes communautés ouvertes sur le monde, proposant aux jeunes, en plus d'un enseignement scolaire souvent de grande qualité, la possibilité de s'exprimer à travers le sport, la culture, l'art, etc.
Tous les retours connus, apportés par les zèbres eux-mêmes, sont en grande partie très positifs, car cette distance mise par l'internat entre le jeune et ses parents apporte probablement à tous les protagonistes le juste recul pour ne pas se détester et s'insupporter mutuellement. Souvent, les parents sont en effet pris dans un lien anxieux qui se focalise autour du travail scolaire et plus encore pour ces élèves à haut potentiel, dont tout le monde connaît les grandes aptitudes et dont personne ne voudrait les voir s'évaporer.
Se séparer ainsi, ne signifie pas se perdre, mais au contraire, permet souvent de mieux se retrouver autour de liens apaisés et plus oxygénés. On constate par ailleurs que ces élèves qui refusent la contrainte parentale s'accommodent souvent bien mieux d'une autorité plus neutre affectivement. Et à l'internat, point de repli possible, la vie communautaire étant omniprésente !

L'hibernation est donc un processus singulier ne se manifestant pas de la même façon pour tous les zèbres. Les difficultés familiales en augmentent la dangerosité. L'enfermement, les troubles psychologiques, les phobies scolaires, les corps qui pleurent et qui saignent, la drogue, les fugues et d'autres pathologies encore doivent alerter parents et éducateurs. C'est la période où beaucoup se déscolarisent et traversent des épisodes dépressifs, nécessitant parfois une hospitalisation. L'hibernation n'est donc pas un moment anodin de la vie du zèbre et il convient toujours de le signaler. Il semble être un passage obligé pour la plupart des adolescents à potentiel spécifique, une période délicate dont ils se sortent généralement bien, quand les habitudes de communication avec les parents sont bien enracinées et que l'ambiance familiale est bonne. Cependant, j'ai connu quelques adolescents zébrés n'ayant pas connu ce temps mort dans leur maturation, pour avoir gardé un contact permanent avec leur entourage et leur environnement.

Rappelons-le une fois encore, s'il n'y a pas plus de recette-miracle dans l'éducation du zébreau que dans celle de n'importe quel enfant, détecter une haute potentialité au plus tôt est essentiel, de façon à fournir à un petit marmiton de l'intelligence les ingrédients nécessaires à une bonne « cuisson » de ses potentialités.

Ses parents doivent être conscients de

> **TÉMOIGNAGE**
>
> *Barbara, aujourd'hui en classe de seconde avec un an d'avance dans sa scolarité, illustre bien cette situation. Détectée très jeune, particulièrement bien encadrée par des parents attentifs et notamment par une maman disponible et très à l'écoute, qui a su très tôt encourager l'expression des sentiments de sa fille, cette zébrette traverse actuellement l'adolescence en restant active, vive, toujours à l'affût de nouveaux pâturages.*
> *Ses relations avec les adultes (famille, enseignants, etc.) sont très satisfaisantes ; elle éprouve cependant encore quelques difficultés avec ses pairs, qui la jalousent et la rejettent fréquemment, car elle est sociable, avenante, à l'aise avec les enseignants, partage volontiers dans ses cours de français ou d'histoire, ses voyages linguistiques, sa vie au conseil municipal des jeunes ou ses engagements plus religieux. Cela gêne ses pairs, qui voient en elle une fille prétentieuse et bizarre.*

la nécessité d'une éducation attentionnée, dispensée au sein d'un environnement approprié, de façon à lui permettre de franchir au mieux le passage difficile de l'adolescence, et notamment, de sortir le plus rapidement possible de sa phase d'hibernation. S'il est vrai qu'il existe nombre de jeunes intellectuellement précoces qui s'ignorent et qui peuvent néanmoins s'en porter plutôt bien, il n'en demeure pas moins que plus la forte potentialité s'apprend tardivement, plus grands sont les risques de dérapages.

S'imaginer pouvoir arranger les choses sur le tard revient à vouloir ajouter de la farine à un pain déjà cuit. L'adolescence est une période qui peut se révéler difficile en tous les cas et particulièrement, lorsque s'y rajoute une particularité, que ce soit le haut potentiel, un handicap, une anomalie génétique, comme la trisomie par exemple.

L'enfant trisomique a une intelligence qui se situe sur le versant opposé de la courbe de Gauss. Cette caractéristique se détecte dès la naissance, voire in utero : le handicap est visible, facilement identifiable. Les parents font le deuil de la normalité dès le départ et parviennent généralement à adapter la prise en charge à la particularité de l'enfant.

Le haut potentiel, en revanche, ne se remarque ni avant ni après la naissance. Il est difficilement détectable. Pourtant, au risque de surprendre, je dirai que cette différence peut se révéler dans certains cas tout aussi handicapante que la trisomie, toutes proportions gardées. Une spécificité qui ne se voit pas, doit sans cesse se prouver et peut se révéler plus problématique encore. Le sujet trisomique porte sa différence sur son visage et son retard mental est détecté très tôt. Le sujet au haut potentiel ne se remarque pas physiquement. De plus, puisqu'il ne réussit pas forcément de façon brillante à l'école, l'adhésion au diagnostic n'est pas facile, tant de la part des parents que de celle du jeune zèbre lui-même. La détection précoce est donc la clé du succès de l'éducation d'un zébreau. Elle seule permettra de résoudre les problèmes pouvant surgir pendant l'hibernation.

TÉMOIGNAGE

Mon année de seconde a été tout à fait décisive pour moi ; la maladie de mon père venait d'être diagnostiquée et je crois que ma mère, qui travaillait encore à ce moment-là au cercle des officiers, a fait jouer ses relations pour me faire rentrer au Prytanée (un des lycées de la Défense, en France). En septembre, j'ai donc commencé là-bas, et si tout le premier trimestre j'ai vraiment galéré, car je pense que je n'avais pas le niveau – en tous les cas, je ne savais pas travailler comme les autres – j'ai réussi à redresser la barre et dès janvier, j'étais à l'aise. J'avais enfin des vraies amies, et pour la première fois je me sentais comme tout le monde, déjà grâce à l'uniforme je pense, mais aussi du fait que les règles étaient valables pour tous, de la même façon et qu'il n'y avait jamais de favoritisme ou de choses comme ça. Je crois aussi que ce qui m'a sauvée, c'est que là-bas plus personne parlait de surdouée, Ne plus être stigmatisée a été un soulagement pour moi.

Julie, 19 ans

CHAPITRE

7

Le zèbre face aux questions existentielles

Les enfants du pourquoi. Voilà comment beaucoup de parents baptisent leurs zébreaux : depuis leur plus tendre enfance, en effet, ils ne cessent de poser des questions sur tout ce qu'ils voient et entendent. Dès l'âge de trois ans débute la kyrielle des pourquoi, pour lesquels l'adulte n'a pas toujours les bonnes réponses.

Pourquoi l'eau n'a pas de couleur ? Pourquoi tombe-t-elle du ciel quand il pleut ? Où est le soleil quand je dors ? Pourquoi papy n'est plus là pour toujours ? Que se passe-t-il après la mort ? Chaque réponse donnée en suscite d'autres, et la litanie des interrogations ne s'arrête jamais. Elle se poursuivra leur vie durant. Tous les enfants se posent ce genre de questions, évidemment, mais elles sont exceptionnellement précoces et persistantes chez les zèbres. Ils passent leur vie à les ruminer et à en chercher les réponses. Une fois celles-ci obtenues, ils vont se les approprier, y réfléchir et, s'ils n'en sont pas satisfaits, les réinterroger plus tard. Cet esprit qui vagabonde sur des questions, souvent sensibles, parfois sans réponses, risque de générer un état d'anxiété qui pourra avoir des répercussions sur sa vie sociale et scolaire.

Avec qui partager tout ce foisonnement de questions ? Ses amis, souvent, ne le comprendront pas et tenteront de le dissuader en lui lançant : « T'es toujours bizarre à ce point ? », ses enseignants lui répliqueront : « Applique-toi déjà à bien tracer ton cercle, avant de penser à la valeur de pi », ses parents se feront sourds pour échapper à des paroles inquiétantes comme « Si je dois mourir, autant le faire tout de suite ». Ainsi quand ils tentent de partager leurs réflexions ou avis, ils se voient souvent opposer, au mieux, de la surprise, au pire, de l'hostilité et ils découvrent alors que les autres, ceux de leur âge, mais aussi les adultes, ne partagent pas leurs préoccupations, ce qui les éloigne plus encore d'autrui. Ils sont souvent capables de considérer la façon dont pourraient ou devraient être les choses, mais ils ont aussi souvent tendance à être idéalistes et parce qu'ils sont profonds, raffinés, ils ressentent avec beaucoup d'acuité le désappointement et la frustration qui surviennent quand les idéaux ne sont pas atteints. La colère vient souvent s'exprimer face aux impasses dans lesquelles ils se trouvent, mais ils intègrent bien vite qu'elle est vaine, car se mettre en colère contre le destin ou une vie qui a une fin n'a pas de sens en soi. C'est ici que les troubles du sommeil vont souvent surgir.

> **TÉMOIGNAGE**
>
> *Petit, quand je devais aller me coucher, c'était le pire moment de la journée pour moi ; c'est là que je cogitais, j'avais l'impression que ma cervelle allait exploser, tant il y avait de choses là-dedans qui m'inquiétaient…*
>
> *Clément, 15 ans, Q.I.T. = 148*

CONSEILS

À partir de 4/5 ans, **partagez, le soir au coucher, un moment de relaxation avec votre enfant**, en vous appuyant par exemple sur un CD, comme *Calme et attentif comme une grenouille*, *Relaxation pour les enfants*, *La planète des papillons*, etc., afin de permettre un apaisement à l'enfant et de le laisser partir vers le sommeil tout en douceur et en y étant accompagné par son parent. Le sensibiliser très tôt à sa respiration et lui apprendre à se laisser bercer par la musique relaxante lui garantira un sommeil de bonne qualité, mais surtout une mise au calme apaisée. Le sensibiliser de façon précoce aux bienfaits de la musique lui permettra par la suite de la rechercher par lui-même, quand il se sentira tiraillé ou emprisonné dans des conflits divers. **Pour les ados, un abonnement à un service de streaming musical sera parfois un bon investissement** pour accéder à son style musical de façon illimitée ; se créer ses listes musicales favorites, en téléchargeant une playlist pour chaque soir peut ainsi être un bon moyen pour un retour au calme en toute sérénité, à utiliser bien sûr de façon modérée, c'est-à-dire sans dépasser l'heure.

L'aspect fini et éphémère de la vie est souvent la première grande thématique des sujets à haut potentiel, associée à tout ce qui concerne les limites du temps et de l'espace.

Dès 4 ans, le zébreau questionnera par exemple le ciel : « Tu m'as dit qu'on va au ciel après la mort, mais je ne vois personne dans le ciel. Pourquoi ne voit-on pas les gens qui y vont ? Est-ce qu'on y mange ? Y a-t-il de la place pour tout le monde là-haut ? » Certains iront jusqu'à s'assurer qu'on ne leur a pas menti.

C'est le cas d'une jeune précoce qui avait quatre ans au décès de sa grand-mère. Les parents lui avaient affirmé que sa grand-mère était « montée au ciel ». Un an après, elle demanda une montgolfière pour son anniversaire, pour monter au ciel et voir si sa grand-mère y était.

Lorsqu'il est un peu plus avancé en âge, le zébreau s'est déjà constitué toute une collection de réponses et il continue à en rechercher d'autres, plus précises et plus exactes, ce qui explique son avance sur les autres enfants de son âge, mais aussi son angoisse, face à l'immensité des questions sans réponses. À force de chercher un sens à donner à leur vie, à chercher des repères et des piliers sur lesquels fonder leur réflexion, ils se confrontent parfois à de profondes interrogations : la finitude de la vie, la place de l'individu dans l'univers, l'absurde et l'arbitraire. Chacun doit pourtant choisir la vie qu'il veut mener en composant avec ces réalités. Ce questionnement de fond sera souvent le questionnement d'une vie entière et ces zèbr'ados, devenus adultes, continuent pour la plupart d'entre eux à conserver de telles préoccupations. Certains pourront traverser, de ce fait, une dépression existentielle en milieu de vie, comme le remarquent certains spécialistes[1].

> ## TÉMOIGNAGE
>
> *Je me souviens, quand j'avais quatre ans, mon arrière-grand-père, pépé, est décédé. Après quelques jours, j'ai dit à mes parents : « Bon ça suffit maintenant, ça a assez duré, il faut dire à pépé de redescendre, il se souvient sûrement plus qu'il doit redescendre. » Et c'est à partir de cet âge que mes questions sur la mort ont commencé à me hanter, car je bassinais jour et nuit mes parents pour obtenir des réponses. J'étais certain que je pourrai aller rechercher mon grand-père, je crois. Depuis, beaucoup d'années sont passées, mais je crois que ces grandes questions sur la mort, sur l'éternité, sur le destin aussi, continuent de me préoccuper, surtout quand je me retrouve seul ou quand une situation m'y fait penser.*
>
> *Lucas, 19 ans, Q.I.T. = 142.*

---

[1]. James Webb, par exemple, sur le site Supporting the emotional needs of the gifted (Répondre aux besoins émotionnels des surdoués).

Proposez des contenants !

Le problème des questions existentielles, c'est bien que ces interrogations ne trouvent pas une fois pour toutes des réponses, mais qu'elles ont besoin, tout au long de la vie, d'être revisitées et reconsidérées. Je suggère souvent aux parents de proposer à leurs enfants, notamment quand ils sont jeunes, de les mettre en contact avec des professionnels des champs de compétence questionnés. Les interrogations religieuses avec des religieux, les questions médicales avec des médecins, les questions politiques avec des personnes engagées politiquement, les questions de la planète avec des écologistes, etc. Même s'ils ne les rencontrent jamais, le fait de se référer à des autorités en la matière réduit l'angoisse générée par l'incertitude. Bien sûr, rediriger son enfant vers des livres, des documentaires et ses enseignants seront des démarches intermédiaires, souvent apaisantes et utiles et à portée de mains. C'est une pratique courante dans les associations en charge d'adolescents à haut potentiel, où l'on fait souvent appel à des spécialistes : philosophes, politiciens, prêtres, professeurs, ingénieurs, scientifiques, techniciens…

D'autre part, j'invite également les parents à ne pas donner l'habitude à leurs enfants questionneurs, d'apporter des réponses dans l'instant. Fabriquer une « boîte à questions » qui pourrait accueillir en temps réel la question, le parent pouvant être « le secrétaire » de son enfant tant qu'il n'arrive pas à écrire lui-même, mais trouver un moment de la semaine où la boîte serait mise à l'honneur me parait une bonne technique pour aider l'enfant à différer son besoin de savoir. L'important, c'est que l'enfant puisse être entendu dans son questionnement, reconnu dans son bouillonnement, mais quant aux réponses, il me semble prudent de tenter d'y surseoir, sans quoi on donne le sentiment à l'enfant de l'urgence d'une réponse à apporter. Donc dans l'instant, on accueille son questionnement, on le valorise en le notant, lui donnant ainsi une consistance et une valeur d'une certaine façon, plus tard, on y apporte des réponses, ou des débuts de réponses. On peut ainsi suggérer un « apéro-questions », le samedi ou le dimanche avant le

> **CONSEILS**
>
> Ces jeunes dont le sommeil est souvent retardé, voire perturbé, du fait de ces questions et d'autres angoisses, comme celle de la séparation, je les invite volontiers à utiliser les ressources de la sophrologie. Au sein de notre cabinet, nous avons développé un protocole appelé « bonne nuit », où ma collaboratrice sophrologue va les amener à lâcher prise, à mettre de côté, le mauvais et les pourquoi, pour faire place au tranquille et à la sérénité.
> Ce protocole vise à apaiser l'entrée dans le sommeil, grâce à des exercices respiratoires et des métaphores autour du bien-être, associé à des Fleurs de Bach et des huiles essentielles, afin de reconnecter les enfants et ados à haut potentiel avec leur sensoriel. Sentir, se toucher, s'écouter, s'outiller d'exercices seront autant d'aides naturelles pour se sécuriser et dormir plus sereinement. C'est ici que le contrôle peut, et d'après moi, doit se faire !

déjeuner par exemple, et ouvrir la boîte à questions à ce moment-là. Ces questions existentielles qui souvent surviennent le soir, en seuil de nuit, perturbent et troublent son sommeil, et c'est pourquoi il faudrait les encadrer en les délimitant et les aborder avec son enfant en journée. C'est pourquoi, il est important de trouver un outil et un moment pour ces questions, pour éviter ce que vivaient les parents d'Adèle, 6 ans, qui en pleine nuit pouvait venir grimper dans le lit de ses parents et demander : « À quel degré se fait la fusion du béton ? », ou encore « Pourquoi le temps ne se repose jamais, alors que moi je dois me reposer ? »

Au moment du coucher, il est donc tout particulièrement conseillé, pour les petits, mais surtout pour les plus âgés, de créer un état de relaxation, favorisant une mise en phase de leur esprit avec leur état de repos. Certains sons peuvent jouer ce rôle-là, en produisant une atmosphère rassurante et relaxante, en rappelant des souvenirs agréables ou en amenant un sentiment de sécurité. Le bruit de la pluie sur les carreaux ou celui des vagues sont pour beaucoup des invitations à l'apaisement et au retour au calme, mais si pour presque tous, la musique est apaisante, le choix de celle-ci reste cependant personnel. Le rôle de la musique classique dans l'assoupissement a été démontré dès les années 2000, notamment grâce à son pouvoir relaxant qui réduit l'activité du système nerveux, diminue l'anxiété, la pression sanguine, la fréquence cardiaque et respiratoire. Mais laisser l'adolescent se constituer sa playlist personnelle sera probablement la meilleure formule à encourager (voir les conseils page 96).

Sagace, le zébreau utilise aussi parfois ces questions existentielles pour entrer en relation avec autrui. Cela lui permet de savoir à qui il a affaire et de satisfaire son besoin de déceler les capacités et les failles de ses contemporains. Combien

> **TÉMOIGNAGE**
>
> *En principe, le soir ma tête commençait à bourdonner, c'est comme si à ce moment-là des millions de questions étaient parachutées dans ma tête et qu'une petite voix me disait : « Avant de dormir, il faut d'abord trouver toutes les réponses ! » Et là je commençais à bassiner mes parents pour obtenir leurs réponses, mais eux bien sûr ne voulaient rien savoir de tout ça. Les seuls qui étaient toujours d'accord pour m'apporter des réponses étaient mes grands-parents, surtout mon grand-père, qui avait une culture incroyable et qui prenait le temps de me dire comment les choses fonctionnaient. Il me parlait aussi d'avant, de son enfance, de ses grands-parents à lui et j'étais passionnée de savoir comment on vivait à cette époque-là. C'est sûrement pourquoi je voudrais plus tard devenir prof d'histoire. Je l'adorais mon grand-père et la vie me l'a pris si tôt...*
>
> Floriane, 15 ans, Q.I.T = 133

d'enfants sont entrés la première fois dans mon cabinet et avant même de m'avoir laissé les saluer m'ont demandé : « Tu préfères le tricératops ou le brachiosaure ? », « Tu connais la racine carrée de 121 ? »

Après ces interrogations sur la vie et la mort, le petit zèbre développera souvent un vif intérêt pour les civilisations antiques, l'Égypte ancienne en particulier. Ses richesses culturelles et spirituelles le fascinent et il pensera y découvrir les vraies réponses à ses questions sur la vie, la mort et l'au-delà. Cette civilisation aux hiéroglyphes fascinants, à la religion mystérieuse et à l'architecture monumentale passionne les zébreaux. Cette ferveur égyptienne naît très tôt et peut durer longtemps.

Mettre les pensées sur pause et activer les actions !

Très souvent, les questions illimitées qui semblent envahir les zèbres semblent liées au fait qu'ils éprouvent des difficultés à entretenir des liens avec leurs camarades : tandis que d'autres jeunes vivent des histoires de vie, bougent et expérimentent, ils sont paralysés ou repliés sur eux-mêmes. Aux échanges et vécus habituels des ados, qui amènent des tourments, mais aussi et surtout des remises en question, ils substituent des questionnements pour lesquels il n'existe pas de réponse définitive. Lors de l'accompagnement thérapeutique, quand la prise de conscience a pu se faire, l'aide devrait être dirigée vers des expériences nouvelles à initier, toutes concrètes, relationnelles, sportives, sociales ; se sentir vivant et exister par des actions que l'on entreprend, des projets que l'on se fixe et des moyens que l'on se donne pour les atteindre, construire des relations et oser prendre le risque de les perdre, mais aussi faire du sport et s'animer de toutes les façons possibles. Ainsi combien de fois nous sommes-nous émus à entendre un jeune nous confier sa première histoire d'amour, car aimer prend du temps et n'en laisse plus aux autres pensées, ou encore avons-nous tressailli en écoutant tel autre nous relater la découverte du plaisir de faire un sport, en s'inscrivant par exemple à un cours de zumba ou de musculation, car faire du sport stimule la sécrétion de l'hormone de plaisir.

> **CONSEILS**
>
> Quand l'approche sophrologique, comme le programme « bonne nuit » que nous avons évoqué plus haut, ne semble pas suffisante, il peut être intéressant de proposer aux jeunes de réfléchir à comment arrêter leur « machine à penser les pensées ». Dans notre cabinet, nous appelons le protocole qui a ce but « dépenser les pensées ». Son objectif principal est de remettre en mouvement, en action, en vie pourrais-je dire, ces jeunes zèbres, devenus au fur et à mesure des années de grands philosophes, de grands penseurs, mais de bien piètres aventuriers.

> **TÉMOIGNAGE**
>
> *J'avais longtemps pensé que l'amour ne serait pas pour moi, tant je me sentais bizarre et surtout exigeante. Et à 17 ans, quand j'ai quitté mes parents pour aller étudier à Nancy, j'ai rencontré Timéo, mon premier amour et c'est lui qui m'a appris à m'aimer et aussi à l'aimer. Avant ça, j'étais centrée sur moi, je passais mes soirées à cogiter, à inventer mille et une vies que je me souhaitais, mille et une amies que j'espérais tant avoir. Je ne dormais presque pas et je faisais semblant que tout allait bien pour rassurer mes parents et peut-être me rassurer moi aussi. Il n'y avait qu'à ma psychologue que j'osais tout dire et certains soirs, je lui envoyais des mails longs comme des dissertations pour lui poser des questions et savoir si j'étais normale ou pas ! Puis quand j'ai connu Timéo, tout a changé, j'ai découvert que je pouvais être comme les autres, sortir le soir boire un verre, louer des films et passer une soirée entière à enchaîner des séries, rire de rien et de tout, organiser un week-end. C'est là que ma tête a enfin commencé à cesser de broyer du noir et que je me suis rendue compte que j'avais gâché pas mal d'années de ma vie à me poser tant de questions inutiles à me créer des frayeurs et des peurs. C'est vraiment Timéo qui m'aura appris à me débarrasser de ces parasites qui me collaient à la peau, à me décoincer et à découvrir les plaisirs de la vie. Cette relation a été fondamentale pour moi et j'ai souvent pensé que c'est grâce à elle que je me suis sentie normale, car c'est à ce moment-là que j'ai commencé à vivre les situations et plus à les intellectualiser ou les fantasmer. Et pourtant, pendant toute mon adolescence, ma psychologue n'avait eu de cesse de m'encourager à agir plus, à oser faire des choses, mais à ce moment-là, je n'étais pas prête, car faire les choses seule n'était pas envisageable pour moi et probablement trop risqué.*
>
> *Violaine, 19 ans, Q.I.T. = 144*

Bien sûr, la sophrologie et la méditation seront toujours aussi encouragées et proposées, car ces techniques psycho-corporelles permettent de trouver un calme intérieur et de se reconnecter avec soi-même et les forces de son corps. Mettre en pause le cérébral pour pouvoir davantage activer le corps et les actions seront des lignes de conduite à proposer dans les engagements thérapeutiques.

Bien évidemment, les autres enfants et adolescents passent eux aussi par des périodes d'intenses questionnements, mais jamais d'une façon aussi récurrente. Ils s'en inquiètent souvent à des moments précis et appropriés, lors d'un cours de philosophie ou d'une conversation passionnée entre pairs, par exemple, puis passent généralement à autre chose. Le cours de leur vie s'écoule sans s'arrêter sur ces questions difficiles et ils parviennent aisément à tourner la page. À l'affût de la moindre occasion de se remplir la tête, le zèbr'ado, en revanche, ne s'octroie ni trêve ni repos dans son interminable quête du Graal du savoir. Les questions existentielles prennent une dimension proprement obsessionnelle chez lui, et elles le poursuivront durant toute son existence. La soif de connaissance obstinée du zèbre ne nous donne-t-elle pas là une puissante leçon de vie ?

Ainsi, la haute potentialité est toujours liée à un irrépressible besoin de savoir, lequel pousse les enfants précoces vers les questions existentielles, et cela, beaucoup plus tôt que les autres, c'est-à-dire dès qu'ils savent parler. Le fort potentiel provoque ces questionnements autant qu'il s'en nourrit et, une fois les réponses acquises, celles-ci finissent par constituer un bagage intellectuel, une culture personnelle qui accroîtra encore le potentiel qui en est la cause... D'autant que ces processus d'acquisitions sont largement favorisés par une remarquable capacité de mémorisation !

CONSEILS

Dès l'âge de 4/5 ans, laissez votre enfant éteindre lui-même l'interrupteur de sa lampe à chevet, en lui disant : « Maintenant tu éteins la lumière de ta chambre et en même temps, tu éteins les petites lumières de ta tête ! Bonne nuit à toutes les petites lumières et à demain matin. » En faisant lui-même le geste, symboliquement, on lui apprendra ainsi à mettre en pause sa tête, tout en mettant en pause la lumière de sa chambre.
Pour les ados, encouragez volontiers aussi ce geste d'éteindre : on éteint sa lumière, on éteint sa musique, on éteint son smartphone, bref on bascule sur « off ».

Des questions existentielles qui alimentent souvent la procrastination

Rester ainsi dans le cérébral, à vouloir trouver des réponses qui souvent ne sont pas accessibles ou insatisfaisantes fait de l'ado à haut potentiel un *procrastinateur*. En effet, le zèbr'ado a souvent tendance à remettre au lendemain, ce qu'il serait convenu de faire le jour même, car il est abonné à l'inaction et au *last minute*. Il devient ainsi malgré lui, pourrait-on dire, un retardataire chronique, non pas parce qu'il ne fait rien, mais parce qu'il s'attèle surtout à penser et à réfléchir, et que ces activités-là ne se voient pas et ne sont pas d'après les autres, productives et utiles. Procrastiner permet de ne pas accomplir en temps voulu les tâches et les démarches à faire, car elles présentent un certain désagrément et un haut niveau de stress. Les remettre à plus tard permet alors au jeune de gagner du temps, de se désengager momentanément aussi d'une certaine façon. Utiliser l'instant présent à penser le déculpabilise de son immobilisme, car pour lui, réfléchir n'est pas une occupation stérile. De plus, comme le zèbr'ado est souvent perfectionniste, s'engager dans les actions lui est coûteux, car il doute de lui, de ses capacités et craint d'être jugé. Pendant longtemps, il a été habitué à réussir sans efforts ni grande organisation, alors quand à l'adolescence, il doit s'engager dans des projets, dans des actions, il perd vite confiance face à une difficulté inattendue, lui qui n'a souvent pas appris à construire des stratégies pour réussir, car jusqu'à là, l'intuition le guidait. Mais sa vie est aussi souvent à l'adolescence peu plaisante, car souvent esseulé et mal compris, alors repousser au lendemain, différer de quelques heures ou jours, une action, une prise de décision, lui permet de moins souffrir et d'avoir au moins un bénéfice, celui de se plonger dans ce qu'il croit être la priorité du moment : philosopher ou encore regarder un film ou jouer à un jeu vidéo, là où ses parents espéraient peut-être, enfin une chambre rangée ! Offrons-nous maintenant quelques rayures : transformons-nous en petits zèbres et tentons de percer le mystère de leurs origines…

CHAPITRE

8

D'où vient le haut potentiel et pourquoi tous les zèbres ne se ressemblent-ils pas ?

Questions bien embarrassantes que celles des origines des enfants à potentiels spécifiques ! Nous avons buté d'emblée sur les difficultés à les définir et à les nommer. À plus forte raison en aurons-nous à les expliquer... D'où vient le zèbre ? Dans ce chapitre, nous tenterons d'éclaircir ce mystère...

La solution de cette énigme, si elle existe, nous permettrait-elle de mieux le comprendre et l'aider ? Devient-on intellectuellement précoce ? Ou naît-on ainsi ? Qu'est-ce qui fait que l'on possède un Q.I. nettement au-dessus de la moyenne ? Sans oublier une question subsidiaire, mais qui est loin d'être dépourvue d'intérêt pour de nombreux parents anxieux du devenir intellectuel de leur progéniture : peut-on devenir « surdoué » à volonté, et surtout, peut-on déterminer le potentiel de son enfant, un peu comme on en choisit maintenant le sexe ?

Inné, acquis...
d'où vient le haut potentiel ?

Toutes ces questions nous ramènent à l'éternel débat sur les facteurs déterminants l'intelligence humaine. Naît-on intelligent ? Le devient-on ? Autrement dit, l'intelligence est-elle innée ou acquise ? Est-elle induite par des facteurs génétiques ou environnementaux ? Ou par un subtil mélange des deux ?

Il faudrait également ici remettre en question la notion d'intelligence elle-même, ainsi que les méthodes avec lesquelles nous tentons de la définir et de la quantifier[1]... En effet, comment répondre à l'épineuse question des causes de la haute potentialité si les déterminants de l'intelligence ne sont pas clairement signalés ? Si pour certains chercheurs, il existe clairement un terrain génétique, les recherches et les études sur le sujet restent souvent évasives et ne tranchent pas définitivement la controverse. Les rapports complexes entre l'environnement et la génétique dans les processus de formation de l'intelligence demeurent bien difficiles à discerner. Nous risquerions fort d'y perdre quelques-unes de nos belles rayures d'emprunt...

De nombreux exemples plaident pour une approche génétique de la haute potentialité : on constate souvent, en effet, que les parents de petits zèbres sont eux-mêmes de hauts potentiels, à tout le moins qu'il existe un certain degré d'intelligence dans la famille. Mais n'a-t-on pas tendance, en ces cas-là, à confondre intelligence et niveau culturel et social ? Il arrive aussi qu'on ait affaire à toute une fratrie de hauts potentiels, ce qui semblerait confirmer le caractère génétique de la précocité intellectuelle.

Beaucoup d'auteurs, toutefois, défendent la thèse de la double détermination – génétique et environnementale – de l'intelligence et je m'accorderai aussi à penser que le haut potentiel, s'il est donné par la génétique, est aussi favorisé ou abrasé par l'environnement.

Il n'est pas inutile de rappeler, à ce stade de notre réflexion, que le test du Q.I. a été conçu de façon à faire appel tant aux raisonnements qu'aux savoirs. Si l'environnement a une influence négligeable sur les capacités

> **TÉMOIGNAGE**
>
> *Je ne sais pas pourquoi je suis comme ça ; un E.I.P, ce n'est quand même pas quelque chose de très normal. Ma grand-mère dit que ça vient de mon père et qu'il était comme moi quand il était petit. D'ailleurs c'est vrai, il est angoissé comme moi et cherche toujours la perfection.*
>
> *Damien, 14 ans, Q.I.T. = 139*

---

1. Voir l'introduction.

logiques, il joue un rôle essentiel, en revanche, dans l'accumulation et la restitution des connaissances engrangées par l'individu testé. En se fondant volontairement sur le seul Q.I., on peut donc affirmer que la haute potentialité est souvent le résultat d'un harmonieux mélange entre les aptitudes de l'enfant – ses potentialités génétiques – et un environnement favorable qui l'a aidé à accroître ses connaissances et à trouver des réponses aux nombreuses questions qu'il se pose.

Autrement dit, à équipement génétique égal, un zèbre en puissance le deviendra d'autant plus facilement s'il vit dans un milieu où son potentiel peut s'exprimer et où l'accès à la connaissance est plus aisé. L'enfant viendrait ainsi au monde avec un équipement génétique spécifique, et sa rencontre avec un environnement stimulant et aimant va lui permettre de potentialiser ses aptitudes, de les révéler totalement, mais surtout de s'adapter suffisamment au monde pour pouvoir faire de ses talents, un réel potentiel.

L'intelligence dépendrait aussi de très nombreux gènes. Chaque gène est composé de deux allèles, un qui vient de la mère et un qui vient du père. Chaque allèle peut être soit dominant, soit récessif. Dans ce gène, c'est l'allèle dominant qui va s'exprimer au détriment du récessif. Le matériel génétique qui détermine l'intelligence est déterminé par un mix de nombreux gènes dominants, mais aussi de gènes récessifs, qui vont chacun venir soit augmenter, soit diminuer le Q.I. Comme l'intelligence n'est pas liée à un gène unique, il peut donc arriver qu'à la grande loterie de la génétique, on reçoive une combinaison avec un plus grand nombre d'allèles qui vont venir tirer le Q.I. vers le haut ou vers le bas. L'histoire de Gabrielle 10 ans et de Léna 8 ans, toutes deux intellectuellement très avancées, illustre bien ce phénomène. Elles sont les filles de Pierre et Claudine, architectes l'un et l'autre. Leurs deux filles sont nées, aidées par la médecine et furent dès leur arrivée au centre des préoccupations de leurs parents. Pour se faire aider dans leur parentalité, une aide à domicile fut ainsi engagée dès la naissance de Gabrielle et chaque parent décida de réduire d'un jour sa semaine de travail. Ainsi, les enfants grandissaient à domicile, tantôt sous la responsabilité de l'employée, tantôt avec leurs parents, qui avaient pris le temps de réfléchir à l'éducation qu'ils

LE SAVIEZ-VOUS ?

Des études réalisées sur des jumeaux monozygotes (les « vrais jumeaux »), donc génétiquement identiques, montrent que leur intelligence n'est pas totalement pareille, même s'ils ont vécu dans le même milieu et possèdent le même patrimoine génétique. La genèse de l'intelligence humaine est donc éminemment complexe. Cependant, chez les monozygotes, on ne trouvera pas un enfant présentant un retard cognitif et l'autre une avance cognitive ; même si des disparités intellectuelles peuvent être notées, l'intelligence dans sa globalité semblerait aussi partager des points de similitudes.

souhaitaient transmettre à leurs enfants, privilégiant la cohérence, respectant les rythmes des filles, une alimentation saine et un bon équilibre entre les stimulations intellectuelles, physiques et créatives. Gabrielle et Léna n'ont ainsi pas pris l'avion avant leurs 7 ans, ne sont pas non plus allées au cinéma avant cet âge-là et les accès aux écrans étaient réglementés pendant très longtemps, car leurs parents ne voulaient pas brûler les étapes et surtout respecter leur enfance. Ces enfants ont beaucoup été encouragées à explorer, à toucher, à faire, à re-faire, quand elles ne réussissaient pas de suite, et cette approche bienveillante, toujours sécurisée par un adulte, faisant office de guide et de repère, leur a permis de grandir en toute confiance, Beaucoup d'amour, de présence, mais aussi des interdits, nombreux au départ puis bien sûr de plus en plus réduits, et des autorisations à faire, à investir les actes et les actions ont été les principaux ingrédients éducatifs mis à disposition par Pierre et Claudine, qui ont su résister au « tout, très tôt ».

D'autres facteurs entrent probablement en jeu, causes sans doute nombreuses liées aux rencontres, aux relations, au vécu et à l'histoire personnelle de l'individu. Les prédispositions génétiques de l'enfant s'exprimeraient à la faveur de ces phénomènes. Certaines circonstances de la vie fournissent au fort potentiel l'opportunité – ou la nécessité – de s'exprimer.

L'histoire de deux petits zèbres africains issus de familles différentes et adoptés en bas âge par un même foyer porte à croire que c'est l'environnement qui détermine la haute potentialité. Noé, dix ans, a été confié à sa naissance à un orphelinat. Sa sœur adoptive, Emma, a été retrouvée dans une poubelle. Tous deux sont devenus de hauts potentiels, possédant toutes les caractéristiques des enfants précoces. Doit-on dès lors affirmer que c'est le milieu qui crée la haute potentialité ? Pas nécessairement. Les deux enfants avaient peut-être les mêmes prédispositions génétiques et celles-ci ont alors trouvé un environnement favorable à leur épanouissement.

Le test de Q.I., comme nous l'avons expliqué plus haut, fait appel aux connaissances, au raisonnement et à la logique. S'il est évident qu'un individu peut progresser sur des questions faisant appel à sa culture lors de tests postérieurs, il est en revanche très difficile d'obtenir une amélioration des résultats liés au raisonnement et à la logique. Ceux-ci demeurent pratiquement stables, quels que soient le temps écoulé et les modifications de l'environnement. Ce dernier n'est donc pas l'unique déterminant du Q.I. et de la précocité.

Notons également que le Q.I. n'est pas stable en dessous de huit ans et souvent pas avant la puberté, les résultats peuvent donc évoluer vers un Q.I. normal ou supérieur. Au-delà de cet âge, les résultats se stabilisent et ne varient plus que très légèrement. Les cas de Q.I. moyens lors du premier test (passé après 10 ans) et qui se sont révélés de hauts potentiels par la suite sont très rares. Il serait donc exagérément dogmatique de répondre de façon tranchée à la question des origines du zèbre.

> **TÉMOIGNAGE**
>
> *Dans ma famille, nous 4, les enfants, on a tous sauté une classe à un moment donné, mon petit frère d'ailleurs dès la petite section de maternelle. Alors quand on va en famille, par exemple chez les frères de mon père, on nous dit souvent : « Ah voilà la famille surdouée », mais moi je pense que l'on est juste intelligents et que les autres sont un peu niais. On n'est pas génétiquement surdoués, on est, je crois, déjà bien éduqués, stimulés et nos parents nous ont toujours considérés comme capables de comprendre les choses. Ils n'ont pas hésité à nous expliquer tout ce que l'on ne savait pas et qu'on leur demandait. Eux aussi sont calés dans tous les domaines. Mon père, qui est plombier, sait pourtant aussi s'occuper des pannes de voitures, peindre, parler de politique et a appris l'anglais en même temps que moi, pour maintenant le parler mieux que moi.*
>
> Agathe, 16 ans, Q.IT. = 132

L'environnement et la génétique sont si inextricablement enchevêtrés dans sa genèse qu'il est pratiquement impossible de départager les deux facteurs. Et puis, ne faudrait-il pas y intégrer le sujet lui-même, ses désirs, ses besoins et ses choix, notamment celui de faire appel à son intelligence et de questionner le monde pour mieux l'affronter ou le conquérir ? Autrement dit, ne deviendrait-on pas zébreau faute de pouvoir ou de vouloir être âne ? Les problèmes identitaires, en effet, sont cruciaux pour le zèbre en devenir. Sa question à lui, plutôt que « d'où viens-je ? », serait donc plus volontiers et de façon plus impérieuse : « Comment vais-je le devenir ? »

Tous à haut potentiel et pourtant tous différents

Pendant longtemps, les enfants à haut potentiel étaient considérés au vu de leurs caractéristiques, *intellectuelles et affectives*, comme faisant partie d'un groupe spécifique, laissant ainsi penser qu'ils devaient tous se ressembler d'une certaine manière. Les travaux de George Betts et de Maureen Neihart à la fin des années 1980 au Canada ont mis en exergue différents profils, plutôt qu'un groupe homogène de sujets intellectuellement précoces, ce qui aujourd'hui est communément admis par tous. En ayant rencontré, en près de 30 ans, des milliers de sujets, je ne peux que confirmer l'existence de fonctionnements parfois très différents au sein de la communauté des surdoués, ce qui en fait aussi toute la complexité. Entre les sujets qui n'ont pas un Q.I. élevé, mais qui valident un grand nombre de leurs caractéristiques psycho-affectives dont l'hyper sensibilité et ceux qui ont un Q.I. élevé, mais qui se fondent souvent dans la masse, sans réellement manifester de particularités personnelles spécifiques, il est parfois difficile de s'y retrouver, mais aucun professionnel ne devrait s'autoriser à poser un diagnostic sans passer par un bilan précis. Combien de fois, ai-je entendu des psychologues et des psychiatres dirent : « Son Q.I. est dans la moyenne, mais il a toutes les caractéristiques d'un enfant à haut potentiel, donc considérez-le comme tel. » Ces raccourcis ne devraient pas exister et ne sont surtout pas aidants, ni pour les parents, ni pour les enseignants et encore moins pour les sujets eux-mêmes, qui resteront mal compris et donc aussi mal accompagnés, et ce d'autant plus s'il s'agit de jeunes enfants, qui pourraient être orientés dans des classes ou des structures qui ne leur conviendraient guère.

Georges Betts et Maureen Neihart ont établi six profils d'enfants doués en décrivant leurs caractéristiques, ainsi que certains de leurs traits de personnalité ; on constate dans la pratique que souvent un profil peut être dominant à un moment donné de la vie, puis un autre peut se démarquer davantage, quelques années plus tard, du fait d'interactions nouvelles ou différentes avec son environnement.

L'élève qui réussit bien

Il s'agit de l'élève qui a parfaitement compris comment fonctionne le système scolaire et qui, bien que s'ennuyant en classe, donne le change et fait ce qu'on lui demande. Conformiste, souvent perfectionniste, il ne cherche pas à s'affirmer, encore moins à s'opposer, mais se contente et se nourrit de l'approbation et de la reconnaissance des adultes. Il est ainsi apprécié et souvent associé au « premier de classe » et ne présente pas de troubles particuliers à l'école. Par contre, ses aptitudes peuvent végéter s'il n'est pas stimulé ou si des challenges ne lui sont pas proposés ; il fait ce qui lui est demandé avec application, mais manque souvent de prise d'initiative, d'indépendance, car son attitude très conformiste le pousse davantage à réprimer son sens de l'innovation qu'à générer la recherche de nouveautés ou de prises de risque. À l'adolescence et surtout à l'âge adulte, ces profils peuvent parfois s'effondrer devant des échecs, par manque de rigueur et d'expérience face à la difficulté. La plupart se feront discrets, prendront les chemins les plus faciles, tout en restant en général très performants.

> **TÉMOIGNAGE**
>
> *Allison, 7 ans, est élève en classe de C.E.1 ; elle fait partie des meilleurs élèves de sa classe, exécute ses tâches de façon assez lente, très soucieuse de la propreté de ses cahiers. Souvent, elle ne lève pas le doigt pour être interrogée, préférant laisser ses camarades répondre aux questions et cherche à se faire discrète. Elle a su lire dès l'âge de 5 ans, mais a insisté auprès de ses parents pour qu'ils ne le signalent pas sa maîtresse, ne voulant surtout pas être stigmatisée. C'est en consultant pour une émétophobie (peur de vomir) que son haut potentiel a été diagnostiqué, et sa peur de vomir se résorba d'ailleurs très rapidement quand elle comprit qu'elle pouvait « sortir » ce qu'elle savait sans se sentir souillée ou en avoir peur !*

L'élève provocateur

Il est habituellement très créatif, s'ennuie en classe et le manifeste clairement. C'est un élève hardi, quelque peu obstiné, qui aime prendre l'ascendant au sein d'un groupe. Dans ce contexte, il a parfois du mal à se lier aux autres, qu'il utilise surtout, défie les enseignants et les adultes et ses interactions sont souvent source de conflits, car il aime reprendre ses pairs, contester les règles, déformer les consignes. Souvent ses résultats scolaires seront irréguliers et liés à sa motivation et à la qualité des liens noués avec les adultes. En l'encourageant et en l'aidant à s'inscrire dans des projets, qui tiennent compte de ses centres d'intérêt, cet élève pourra exprimer le meilleur de lui-même, assouplir son fonctionnement défensif et améliorer ses compétences sociales.

> *En encourageant l'élève provocateur et en l'aidant à s'inscrire dans des projets autour de ses centres d'intérêt, il pourra exprimer le meilleur de lui-même.*

> **TÉMOIGNAGE**
>
> *Lucas, 7 ans est élève au C.E. 2 avec un an d'avance ; c'est un enfant particulièrement prolixe, vif, qui préfère multiplier les commentaires et critiques en classe plutôt que de s'investir dans son travail personnel. Grâce à une maîtresse particulièrement bienveillante, pour la première fois, il parvient cette année à avoir des camarades et à être autorisé à avoir un voisin de bureau. Son enseignante a passé un contrat avec lui, en lui proposant l'animation d'un atelier d'informatique chaque semaine s'il parvenait à respecter ses camarades. En effet, le « public » est constitué de tous les élèves de sa classe et de son enseignante ; s'il se moque d'un membre de son public ou s'il l'humilie, l'atelier ne peut donc pas avoir lieu. Pour Lucas, le contrat fut clair, immédiatement compris et respecté sans exception durant toute l'année. Lucas est désormais aussi invité aux anniversaires des camarades de sa classe !*

L'élève discret

La plupart du temps, il s'agit de filles ou de garçons présentant de grandes sensibilités féminines ; ces élèves mettent en sourdine leurs aptitudes, les minimisent, refusent par exemple les accélérations de cycles et cherchent à ressembler au plus grand nombre. Ils résistent souvent aux défis et leurs résultats, bien que satisfaisants, ne se démarquent pourtant pas particulièrement. À l'entrée au collège (vers 12 ans), ces élèves se mettent souvent en retrait, manquent nettement d'assurance et peuvent parfois connaître des situations de harcèlement. Souvent, ils se sentiront mieux et seront en mesure d'exprimer leurs talents lors des études supérieures.

> **TÉMOIGNAGE**
>
> *Jean, 13 ans, en classe de 5e, traverse sa scolarité de façon très timide, oscillant entre de bons et de moins bons résultats. Il cherche à être transparent, ne participe guère aux cours et bien que ses écrits soient parfois repérés comme talentueux, à l'oral, il ne s'exprime guère. Il vient de démarrer des cours de d'improvisation qui semblent révéler ses atouts et lui permettre enfin de sortir de sa grande discrétion.*

L'élève décrocheur

Ces élèves sont en souffrance, car en colère, puisqu'ils ne parviennent pas à s'intégrer au système. Ils sont fâchés contre les adultes, la société, leurs pairs et contre eux-mêmes aussi et peuvent ainsi vite décrocher au niveau scolaire.

Ils ont une mauvaise estime de soi, se sentent rejetés, incompris et vont souvent dérangés les autres, les titiller, ce qui va entraîner encore davantage de souffrance. Ils ne donnent pas réellement satisfaction en termes de travail et de résultats, manquent souvent la classe et leurs aptitudes finissent par être moyennes ou inférieures. Souvent, le système scolaire traditionnel ne sera pas adapté à ces élèves et une personnalisation de leur parcours d'études sera nécessaire, si on veut éviter une démotivation et une amertume totale face aux apprentissages.

L'élève à étiquettes multiples

Il présente des difficultés d'apprentissage associées à son haut potentiel, dont les dys, les troubles du déficit d'attention avec ou sans hyperactivité, parfois des handicaps physiques ou des troubles affectifs. Ses aptitudes cognitives peuvent ne pas réellement éclore dans le champ scolaire, car masquées par ses autres fragilités. Souvent, ses travaux sont de qualité inférieure, produits avec lenteur, ses comportements perturbés et son intégration difficile, car il fait sans cesse parler de lui, mais de façon négative. Il présente habituellement des symptômes de stress et se sent facilement découragé et frustré.

> **TÉMOIGNAGE**
>
> *Eléonore a 12 ans. Le chemin pour le collège lui devient chaque matin de plus en plus laborieux. Manquant d'abord la classe de temps à autre, elle finit après deux mois par ne plus pouvoir y retourner, multipliant des problèmes de santé, dont des fortes migraines et des douleurs au moment des règles. Une pause et un enseignement à distance pendant deux trimestres lui permirent l'année suivante de reprendre sa scolarité grâce, en l'occurrence, à l'entrée dans une section dédiée aux élèves à haut potentiel.*

> **TÉMOIGNAGE**
>
> *Lucas 15 ans, en classe de 3ᵉ, n'a pas encore connu un grand épanouissement sur les bancs de l'école ; en surpoids et dyspraxique, il a été la risée de ses camarades depuis son entrée au collège et malgré un changement d'établissement, il ne parvient pas à révéler son potentiel. Il se positionne comme victime, se sent persécuté et déploie contre ses camarades, mais aussi vis-à-vis des adultes, des conduites d'agressivité et d'irrespect. Une réflexion autour d'une scolarité en internat où pourra être prise en compte sa problématique de poids est actuellement en cours et pourra peut-être l'aider à trouver un meilleur épanouissement global.*

L'élève autonome

Il est indépendant, autodidacte, enthousiaste et a confiance en lui. Conscient de ses aptitudes, il n'hésite pas à se lancer des challenges, à relever des défis et se montre persévérant dans son travail. Il sait exprimer ses sentiments, contrôle bien ses émotions, ce qui fait qu'il est habituellement largement apprécié par tous. Souvent les enseignants s'appuient sur lui pour créer une dynamique de classe, car il parvient à influencer positivement les autres. Il est peu parasité par d'autres troubles, ce qui lui permet d'être valorisé à travers ses larges aptitudes.

Parmi ces 6 profils, nous notons que 4 d'entre eux se distinguent peu par des réussites scolaires ; le haut potentiel n'est donc pas une condition sine qua non d'une scolarité épanouie, même si bien sûr certains élèves passeront leurs années d'études, sans encombre. Il est donc important d'identifier le haut potentiel de façon précoce, afin de donner les meilleures possibilités à tous, de les exprimer avant que des conduites, parfois dérangeantes ou invalidantes, ne viennent les annihiler.

> *Haut potentiel et réussite scolaire ne sont donc pas nécessairement opposés.*

TÉMOIGNAGE

Gabrielle, 10 ans, en classe de C.M.2 avec un an d'avance, est une enfant avenante, altruiste, autonome, qui termine souvent ses tâches avant les autres élèves de sa classe ; elle propose discrètement son aide à ses camarades, mais aussi à son enseignante et accepte ainsi de recopier les leçons dans les cahiers des élèves absents, de remettre en ordre « le coin livres », de ranger le matériel de sport, etc.

CHAPITRE

9

Fragilités identitaires chez les adolescents à potentiel spécifique

L'adolescence est une période de transition malaisée pour la plupart des jeunes, et particulièrement pour le zèbre, encore trop sauvage et dont l'enfance a été fréquemment blessée. Dans ce chapitre, nous verrons les difficultés que certains éprouvent dans la construction de leur identité et les pistes pour les accompagner dans cette démarche.

Taxés d'hyperactifs, de mal élevés, d'insolents, voire de caractériels, les maux que certains d'entre eux ont eu à vivre ne sont pas des plus légers : troubles du sommeil, de l'alimentation, de la peau, de l'écriture, du comportement, etc. Au vu d'un tel parcours, il est presque impossible que le zèbre puisse traverser la période délicate qui va des douze aux dix-huit/vingt ans sans anicroche. Adolescence et fort potentiel ne font pas souvent bon ménage et l'équilibre émotionnel du zébreau y est parfois mis à rude épreuve…
L'identité, comme on pourrait l'entendre, est l'« idée » de notre « entité », donc l'idée que l'on se fait de soi. Le zèbr'ado qui se fait souvent une idée négative, exagérée, sous-estimée ou torturée de son identité aura ainsi besoin souvent de plus de temps et d'épreuves, pour parvenir à s'apaiser dans une identité épanouie et

satisfaisante pour lui. Il aura besoin de ses parents ou d'adultes tiers référents qui sauront l'aider à se trouver et à s'apprécier avec ses valeurs et ses talents, mais qui devront aussi l'aider à renoncer au fantasme de la personnalité parfaite, complète. Il est donc important que les parents se montrent patients, bienveillants et toujours encourageants, qu'ils se souviennent peut-être aussi de leur propre adolescence, qui probablement s'est construite avec des doutes, des hauts et des bas, quelques écarts de conduites et sûrement de belles rencontres, qui ont permis de garder le cap. Savoir également déléguer ponctuellement son autorité parentale à d'autres adultes de confiance peut être

> **LE SAVIEZ-VOUS ?**
>
> Selon certains spécialistes, l'identité commencerait à se façonner quand l'adolescent parvient à identifier une réponse aux trois thématiques suivantes : adopter un choix professionnel, des valeurs avec lesquelles être en accord, une identité sexuelle satisfaisante. Un statut identitaire achevé ou apaisé serait ainsi possible quand le sujet parvient à savoir ce qu'il est, où il va, et est guidé par des repères et valeurs dans lesquels il a appris à croire et à faire confiance.

une démarche positive pour tous, car le jeune finit parfois par ne plus entendre les paroles de ses parents, alors que celles de tiers résonneront plus fortement en lui. De plus, le zèbr'ado ne pourra se préoccuper du « qui suis-je ? » qu'après avoir répondu au « qui ne suis-je pas ? » Il devra d'abord se défaire des clichés qui lui collent – déjà ! – à la peau, certains d'entre eux se révélant être de véritables tatouages, indésirables, encombrants et tenaces. En près de 30 ans d'accompagnement, je constate toujours encore que c'est ce grand chantier, l'adolescence, qui reste la période sensible à traverser au cours de laquelle les thérapies sont les plus nombreuses et aussi les plus longues.

> **CONSEILS**
>
> Beaucoup de parents pensent qu'il n'est pas bon de valoriser un enfant qui présente déjà naturellement de grandes facilités. Je dirais l'inverse : **chaque enfant a besoin d'entendre ses parents verbaliser des compliments à son sujet.** Des vérités surtout, donc un enfant qui réussit dans ce qu'il entreprend, qui se tient bien, qui rend service, qui se montre courageux et persévérant, mérite d'être félicité à sa juste valeur et à chaque occasion. Féliciter une seule fois son enfant et penser que cela puisse suffire pour toute son éducation, c'est comme si notre compagnon nous disait une seule fois qu'il nous aimait et que cela devait suffire pour toute la vie ! Je pense que peu de parents valorisent suffisamment leurs enfants et probablement que j'en faisais partie quand mes enfants étaient encore à l'école. J'en ai pour preuve, qu'une fois devenus adultes, ils me l'ont dit et pas vraiment sur le ton de la plaisanterie, mais sur celui d'une critique réfléchie. Alors, chers parents, faites mieux que moi... c'est finalement facile et ne pensez jamais que vous en faites de trop !

Quelques idées reçues sur le caractère des ados à haut potentiel...

Pas paresseux, mais authentique et profond

Il est vrai que, tout petit déjà, le zébreau sautillait allègrement dans la steppe, s'évadant du troupeau à la moindre occasion. Ne supportant pas d'attendre, il piaffait d'impatience et folâtrait, gambadait, cabriolait, jetant son dévolu sur les lieux les plus sauvages, s'isolant dans les endroits les moins fréquentés... Mais s'il fallait se mettre au travail, il le faisait volontiers, pas forcément avec l'enthousiasme de ses pairs, certes, mais les résultats étaient là. S'adonnant volontiers et avec succès à plusieurs activités à la fois, il était souvent plus affairé que ses petits camarades. Oui, mais voilà : il ne s'appliquait guère... Pourquoi l'aurait-il fait, puisque tout lui paraissait si facile ? Il n'y a qu'un pas, en effet, des rayures aux ratures, et ses travaux souvent expédiés et trop peu soignés avaient le don d'exaspérer ses correcteurs. Très tôt donc, il a pu être perçu comme un paresseux, un négligent et même, un comble pour un accroc aux connaissances comme lui, un ignorant : ne dit-on pas que ce qui se conçoit bien s'exprime clairement ? Il n'y a pas de fond sans forme, en effet – surtout à l'école – et tout savoir, pour être reconnu, authentifié et validé, doit nécessairement être accompagné de la présentation requise. Là où ses camarades gagnaient quelques points en ornant délicatement leur cahier et en les rehaussant de moult fioritures superflues, il en perdait systématiquement autant, les traits de plume et autres gribouillis étant peu appréciés : le « vite fait, bien fait » n'est toujours pas au programme de l'école élémentaire... C'est ainsi que l'étiquette de paresseux a pu lui être été accolée. Elle ne le quittera plus. Est-elle justifiée ? Sans doute pas. Est-il réellement si paresseux, l'élève qui mémorise la poésie tout entière en un instant, la restitue avec brio, en maîtrise l'intonation, en saisit la subtilité et la profondeur, vivant et vibrant à chacun de ses mots ? La recopier sans grâce et à la va-vite le rend-il vraiment moins courageux que les autres, lesquels, plus besogneux d'apparences, se hâtent lentement de décorer le texte à grand renfort de crayons de couleur ? Ne s'agit-il pas là d'une question de priorités, d'intérêts, de points de vue ? Quand le zèbre s'ouvre à la poésie, il s'y livre, entièrement, authentiquement, inconditionnellement : pour lui, illustrer la pensée d'un auteur revient

> *Le zèbre ne peut accepter les protocoles s'il n'en comprend pas l'utilité et n'en saisit pas le sens.*

à le traduire, c'est-à-dire à le trahir. Détourner ainsi les mots de leurs sens premiers lui est insupportable, inconcevable... On le traitera donc de paresseux, parce que son dégoût est irrecevable et que cette aversion passe pour de l'indolence, de l'insolence et de l'insoumission.

Combien de fois sera-t-il ainsi traité de fainéant ! Ses parents finiront par ne plus supporter sa chambre perpétuellement en désordre, ses refus obstinés de participer aux tâches ménagères, son insistance pour ne pas se laver, etc. Que se passe-t-il dans sa tête en réalité ? Eh bien, notre petit zèbre ne peut accepter les protocoles s'il n'en comprend pas l'utilité et n'en saisit pas le sens, car il ne cesse jamais de se poser des questions. À force de réfléchir à tout en permanence, il finit par trouver des justifications, des explications et des excuses à ses comportements... Se laver trop souvent, c'est gaspiller l'eau, la plus précieuse richesse de la terre ; apprendre par cœur une leçon, c'est s'approprier indûment les mots des autres ; ranger sa chambre, c'est appauvrir son espace tactile et visuel, etc. Il aura toujours réponse à tout, car il ne peut vivre là où tous les autres vivent, faire, dire et penser ce que tous les autres font, disent et pensent. Le zèbre – même s'il ignore qui il est – se sent profondément différent et revendique le droit à cette différence. Il a besoin d'espace, de solitude, de temps et de liberté pour se construire, et surtout pas de formalités inutiles et de consignes rigides. Ou du moins, c'est ce qu'il croit fermement...

TÉMOIGNAGE

En y repensant des années après, je pense que ce que je croyais être la pire des injustices m'aura finalement été d'une très grande aide. Quand mon père est décédé en 2008, j'étais en 5e, mes résultats scolaires étaient alors médiocres, mon comportement totalement asocial, on disait de moi que j'étais un ours. Ma mère décida l'année suivante que j'irais vivre chez mon grand-père à Limoges, car avec ses horaires d'infirmière, elle était souvent absente les nuits, et je crois aussi qu'elle commençait à craindre que je ne lui échappe.

Quand elle m'annonça sa décision, j'ai hurlé dans toute la maison que je fuguerais, qu'elle n'avait pas le droit de décider pour moi, que si mon père était là, il n'aurait jamais accepté cela, mais rien n'y a fait : en septembre, j'étais à Limoges. Mon grand-père, je le connaissais assez peu jusque là. Je l'avais toujours connu seul, vivant en ermite, s'auto-suffisant ; c'était ce que j'appellerais aujourd'hui un non causant. Les premières semaines furent difficiles, je rentrais les week-ends et chaque dimanche soir, je tentais de simuler un symptôme quelconque, espérant ainsi gagner un jour supplémentaire. Puis, je ne sais pas à partir de quand, les choses se sont progressivement améliorées : il me laissait

> *la liberté dont j'avais besoin, il parlait peu, et n'avait qu'une exigence : que je sois rentré au plus tard à 19 heures. Il ne me questionnait pas, me laissait la liberté de me coucher à l'heure que je voulais alors qu'au départ de ma mère chaque dimanche soir, il disait : « Oui, il se couchera à 21 heures, je contrôlerais ses devoirs et il se douchera tous les matins. » En fait, pour la première fois, j'ai senti une alliance avec un adulte, quelqu'un qui était de mon côté, qui avait compris qu'il fallait plus m'apaiser que me diriger, moi qui était déjà un écorché vif. J'ai vite compris que je fonctionnais comme lui et je pense que lui le savait depuis toujours. À partir de cette année-là, mes résultats se sont progressivement améliorés. J'ai aussi accepté qu'un étudiant vienne me donner des cours privés de maths et de physique, et en 3e, j'ai décroché mon Brevet avec mention bien et un passage dans le meilleur lycée privé de la ville. Aujourd'hui, j'ai 23 ans. Quand je parle de cette période, je reste ému et surtout je m'en veux d'avoir fait subir mon sale caractère à tout le monde ; mon grand-père vient de faire un AVC le mois dernier et je supplie les anges du ciel de me le laisser, au moins le temps de finir mes études d'ingénieur, car je sais que si j'en suis là, c'est grâce à lui. Je suis certain que lui aussi était précoce, mais il a gâché sa vie à vivre replié et à avoir peur du monde, alors qu'il aurait pu tant apporter au monde. Je me suis fait la promesse de rattraper cela et j'espère qu'il pourra être fier de moi.*
>
> *Paul, 23 ans*

Pas immature, mais lucide et sensible

À toujours folâtrer loin du troupeau, notre petit zèbre étanche parfois sa soif de connaissances à des sources pouvant se révéler dangereuses, parce que surdimensionnées. Son jeune psychisme, en effet, n'est pas apte à gérer les questions existentielles qu'il se pose très tôt, beaucoup trop tôt. S'ensuivent immanquablement des angoisses et des doutes, lesquels génèrent à leur tour manifestations d'irritation, problèmes d'endormissement, difficultés de séparation, plaintes somatiques, etc. Le zébreau sera alors taxé d'immature et de pleurnichard. Sa lucidité est un costume d'adulte beaucoup trop grand pour lui et dans lequel il se débat avec la grâce d'un manchot égaré loin de sa banquise... Ce qui le force à réagir avec son corps entier, à mettre en jeu toutes ses capacités émotionnelles.

Ses plats préférés – le journal télévisé, un documentaire d'actualité, un reportage... – seront saisis, ingérés, décryptés et digérés avec acuité, une grande finesse et beaucoup de sensibilité. La menace des attentats, l'insécurité dans les transports en commun, les risques de contamination alimentaire, etc. pourront provoquer des réactions quasi phobiques. Certains jeunes pourront par exemple refuser de se rendre seuls à l'école, même si elle n'est qu'à 100 mètres de leur maison, à cause d'une disparition d'enfant rapportée la veille, ou d'un attentat commis devant une école. Dans d'autres cas, si l'ado est sensible à la possibilité d'une contamination alimentaire, il se mettra parfois à trier ses aliments. Ces différentes inquiétudes peuvent donc se manifester par différents comportements. Quand ils se produisent, ceux-ci sont généralement mal perçus et suscitent menaces et sanctions parentales. Ils ne sont pourtant pas les manifestations d'une immaturité capricieuse, mais plutôt celles d'une lucidité prématurée et d'une sensibilité aiguë aux incohérences et aux drames de notre société.

> **TÉMOIGNAGE**
>
> *Rémy, 13 ans, se mettait ainsi en retard tous les matins, loupant son bus quasi systématiquement, tant l'angoisse du jugement le paralysait. Depuis l'arrivée des signes pubertaires, son visage dévoré par l'acné ne lui laissait plus de répit. Il passait des heures dans la salle de bain, à tenter de faire disparaître ses points noirs et à vouloir presser ses boutons, jusqu'à se créer de véritables kystes, liés à des infections bactériennes. Le traitement prescrit par son dermatologue lui paraissait inefficace et Rémy était convaincu que lui seul et les tortures infligées, allaient lui apporter les résultats escomptés.*
> *Il voulait aussi suspendre ses séances thérapeutiques, tant le regard de l'adulte l'incommodait, mais finit par accepter de les poursuivre par Skype, l'écran permettant une mise à distance. Il aura fallu plus d'un trimestre, complété par les congés d'été, pour que Rémy s'apaise et se sente à nouveau désirable, même s'il continuait de prétendre qu'il avait « la peau la plus grasse du monde ».*
> *Cependant, sa lenteur du matin ne se dissipa que lorsque ses parents décidèrent de ne plus lui payer le transport scolaire, qu'il manquait trop souvent, et qu'il ne lui resta que son vélo pour se rendre en classe ; c'est alors que les horaires furent mieux assumés, peut-être parce qu'ils étaient sous son seul contrôle.*

Cette lucidité étourdissante, qui peut leur donner le tournis, s'apparente à une vision « loupe » du monde ; c'est comme si l'adolescent à haut potentiel voyait sa vie et celle des autres, en taille XXL, grossies à travers une loupe. Le moindre détail est ainsi perçu, mais aussi de suite intégré et analysé grâce à une intelligence raffinée et à une hypersensibilité, qui décode à la perfection tout le climat et l'ambiance autour de la situation. Une lucidité qui l'oblige la plupart du temps à faire quelque chose ou à trouver quelqu'un qui pourrait faire quelque chose, car elle ne prend jamais de congés et fonctionne sans relâche. En effet, comment disposer de tant de données et penser ne rien devoir en faire ? Tout voir et vite comprendre rend le sujet à haut potentiel vulnérable, souvent agité, toujours troublé, car ce témoin de la vie « en XXL » se croit obligé d'être le sauveur du monde et le solutionneur de tous les maux.

Cette grande lucidité sur le monde va aussi leur conférer une grande lucidité sur eux et c'est bien pourquoi beaucoup se dénigrent et exacerbent leurs propres failles, s'attribuant être « bêtes, moches, inintéressants ». Je n'ai pas souvent croisé dans mon cabinet d'enfants ou d'adolescents narcissiques, qui se pavanaient d'avoir sauté une classe ou d'avoir un Q.I à 140. Bien au contraire, ils sont plutôt très discrets sur leurs aptitudes, car ils saisissent très tôt l'immensité de tout ce qu'il resterait à savoir, pour ne point se permettre d'afficher leurs connaissances.

Par ailleurs, plus que d'autres, ils vont avoir du mal à supporter les remarques et un rien pourra les vexer, les affecter et les renvoyer à une forme de retranchement, protestation muette pour signifier aux autres leur désapprobation, leur colère, leur souffrance. Leur manque criant de confiance en soi et leur fragilité sont en cause ici ; celui qui possède

LE SAVIEZ-VOUS ?

L'hypersensibilité de l'ado à fort potentiel permet souvent d'expliquer certains de ses comportements :
- si on lui coupe la parole, il peut choisir de se taire pour manifester son mécontentement ;
- une remarque un peu rude peut l'offenser pour une période plus longue que ce que d'autres jugeraient raisonnable ;
- un rire complice alors qu'il approche d'un groupe de camarades ? Il pourra penser qu'on se moque en fait de lui.

CONSEILS

Quand ces jeunes sont suivis au sein de notre cabinet, nous travaillons sur une lecture des situations plus distancée de leur ego, mais aussi autour de leur système de défense, qui est beaucoup plus important que ce qu'il a à défendre. Une approche par la sophrologie servira à renforcer leur confiance en soi et favoriser un meilleur ancrage, afin qu'ils parviennent à être plus résistants aux remarques inopportunes, agressives ou vexantes d'autrui. Beaucoup d'adolescents à haut potentiel ont besoin, à ce moment de leur évolution, de cette aide thérapeutique, car laissés seuls face à leur hypersensibilité, ils seraient vite esseulés et dépréciés par le plus grand nombre.

une appréciation de lui-même correcte et mesurée s'aime assez pour se sentir en confiance et en sécurité dans les entreprises qu'il mène, connaît une estime de soi suffisante pour aller au bout de ses projets. Il peut donc donner et recevoir, mais aussi se prendre des coups, sans s'effondrer ni s'anéantir. Il a besoin de la reconnaissance et de l'amour de l'autre, mais sans pour autant en être dépendant. Or, le sujet à haut potentiel souffre souvent d'une anomalie de l'amour de soi, défaillance créant des doutes récurrents sur sa capacité à être aimé et un besoin constant d'être rassuré, comblé par les regards et l'intérêt des autres. En découle une hypersensibilité associée à une susceptibilité excessive, qui va générer des relations compliquées et chaotiques.

> **CONSEILS**
>
> Si votre jeune refuse une aide thérapeutique ou sophrologique, invitez-le à réfléchir à s'inscrire à un cours de yoga, de reiki, de méditation, à participer à un week-end détox, qui sont autant de moyens de se reconnecter avec ses émotions et qui peuvent être des portes d'entrée vers des démarches plus privées et professionnelles.

Les remarques que d'autres relativiseraient, lui les reçoit comme des attaques portées à son amour propre et bien des années plus tard, il s'en souviendra encore. Submergé par une émotivité envahissante, souvent aussi par une impulsivité, l'adolescent à haut potentiel sera parfois perçu comme immature par ses camarades. Et pourtant, il est tout le contraire, mais c'est cette maladresse et sa sur-réactivité qui peuvent l'isoler des autres. On pourrait dire qu'il a un idéal du moi tyrannique, qui le fait considérer le moindre échec comme la menace de n'être plus bon à rien.

Les émotions ont souvent mauvaise presse, mais elles sont utiles, car elles donnent la conscience d'être et la « fluidité émotionnelle est garante de la santé psychique » comme aime à le souligner Isabelle Filliozat.

En effet, la capacité d'adapter ses sentiments à chaque situation dépend de la conscience de soi. Cette capacité s'illustre par le fait de pacifier son esprit et de se libérer des émotions désagréables (peur, colère, tristesse), et sans cette aptitude, nous serions en lutte constante contre des émotions douloureuses.

La maîtrise des émotions est ainsi un facteur de résilience et de mieux-être, mais aussi un prérequis pour se concentrer, canaliser ses impulsions et s'automotiver. Le contrôle des émotions est le fait d'être capable de remettre à plus tard la satisfaction de ses désirs et de réprimer ses pulsions. Cet état de « fluidité » psychologique est donc un levier de productivité et d'efficacité personnelle.

Ceux qui ne sont pas accompagnés risquent souvent de voguer de relation en relation, d'école en école, d'activité en activité, car, incapables de supporter la critique, l'imperfection, ils préféreront toujours fuir et renoncer, pour ne pas se blesser davantage, ni blesser plus encore les autres. La répression émotionnelle laisse toujours des souffrances et l'approche tant thérapeutique que sophrologique visera à exprimer les sentiments, agréables ou non, à reconnaître les émotions pour pouvoir s'accepter comme on est et commencer à construire la confiance en soi.

Pas « autiste » ou étrange, mais parfois solitaire

Le zébreau s'empare généralement du langage de façon très précoce, et il le maîtrise parfaitement en entrant à l'école maternelle. Se pose alors la question de ses interlocuteurs. Avec qui va-t-il pouvoir parler et échanger, alors que ses compagnons de classe ont encore la plupart du temps une diction imparfaite, un jargon et des préoccupations bien trop enfantines pour lui ? Il tentera alors de s'approprier l'adulte, mais se rendra vite compte qu'il est loin d'en avoir l'exclusivité et que ce dernier n'est pas en mesure de satisfaire tous ses besoins cognitifs et affectifs… En réaction à ce sentiment commencent alors de longs, de plus en plus longs moments de retrait, d'isolement et d'évasion. Le zèbre, toujours en quête de réponses justes, de vérités incontestables, de conduites authentiques et profondes, préférera fréquemment renoncer à s'inscrire dans un groupe, par crainte de s'y sentir incompris : ni parmi les adultes, – car il comprend vite qu'il n'en est pas encore un – ni parmi ses pairs, car ses centres d'intérêt sont d'un autre ordre. Trouver sa place, sa vraie place, est une mission difficile et parfois impossible que lui impose sa précocité. Si vous l'ado semble se mettre volontairement à l'écart, c'est pour éviter de s'imposer à un groupe dont il pense qu'il ne le voudrait pas. Il s'évite ainsi différentes souffrances possibles.

> Ne cautionnez jamais l'isolement volontaire de votre jeune zèbre, même et surtout s'il s'y complaît.

TÉMOIGNAGE

Juliette, 16 ans, seule enfant de parents assez âgés, avait ainsi passé son adolescence recluse dans une petite pièce de la cave, à côté de la buanderie. C'est un endroit qu'elle affectionnait tout particulièrement pendant son enfance, quand son père bricolait encore dans le garage juxtaposant ce petit vestibule ; maintenant qu'elle savait qu'il n'y descendait plus, elle avait la liberté d'avoir tout ce bas-étage à disposition et dévorait, couchée sur un canapé d'infortune, toutes sortes de livres, dont certains en allemand, laissés à cet endroit par les anciens propriétaires. Mais elle pouvait aussi, durant l'été, ouvrir les petites fenêtres et passer la nuit entière à contempler le ciel, à contempler les étoiles, à suivre la trajectoire des cirrus, cumulus et stratus, s'étant installée depuis plusieurs années une station météo avec une sonde thermométrique et un pluviomètre. Elle tenait ainsi des relevés de météo qui étaient aussi ses meilleurs prétextes pour ne jamais accepter d'aller en vacances ou chez qui que ce soit, car la météo se relève tous les jours !

Le zébreau s'échappe de sa solitude par la pensée et passe son temps libre à calculer, à tirer des plans sur la comète, à imaginer et à rêver éveillé, à se projeter dans des rôles... Autant de situations dangereusement confortables où il n'a jamais à tenir compte de l'autre. Quand elles perdurent, un déficit relationnel est à craindre, car le zèbre n'a pas eu l'occasion d'apprendre à décoder les signaux sociaux et ne sait pas les interpréter correctement.

Un Moi fragile

On comprend mieux à présent l'extrême fragilité du zèbre. Il a un mal fou à trouver son équilibre identitaire. Très tôt, ses attitudes singulières ont été mal interprétées, associées à tort à des handicaps ou à des faiblesses.

Au-delà de ses mots, de ses raisonnements et de ses comportements de petit adulte, ne perdons jamais de vue, pourtant, que l'enfant à potentiel spécifique est avant tout un enfant, et qu'à ce titre il a besoin de se sentir reconnu, aimé, soutenu et compris. Il lui faut l'estime d'autrui – parents, entourage, enseignants, etc. – pour se développer de manière optimale. Or, ses singularités et ses étrangetés peuvent rapidement mettre en péril cette évolution. Comment pourra-t-il alors se façonner une identité à l'adolescence ? Comment croira-t-il en lui et en ses qualités propres, alors que, durant ses premières années, les avis à son sujet ont été si partagés et, souvent, si contradictoires ?

Qui croire, quoi croire ? La famille et l'école devront lui fournir des réponses positives, cohérentes et crédibles : elles sont au cœur des valorisations nécessaires à l'enfant à potentiel spécifique.

Au sein de sa famille, le zébreau, enfant atypique, alterne deux attitudes de base : parfois, il a l'esprit vif, fait des réflexions d'une pertinence rare, prend la parole à bon escient, juge les situations avec circonspection, engrange ses connaissances avec rapidité. Puis ce petit zèbre au surprenant potentiel régresse et adopte des attitudes puériles et très décalées par rapport à ce que l'on attend de lui. Comment s'adapter et réagir, quelles positions adopter en chacun de ces cas ?

Notre zèbre en devenir, avide de reconnaissance, doit évoluer dans un environnement qui l'apprécie et l'accepte comme il est. Non pas qu'il faille l'idolâtrer, boire toutes ses paroles et cautionner le moindre de ses actes sans réserve : il suffira de le reconnaître pour ce qu'il est, d'accepter sa différence et de ne pas chercher à le peindre en âne.

> *Le zèbre, comme tout enfant, doit évoluer dans un environnement qui l'apprécie et l'accepte comme il est.*

Sans cette bienveillante acceptation et faute de pouvoir s'identifier à son entourage, à ses parents ou à ses pairs, certains mécanismes défensifs indésirables se mettront en place, tels que le déplacement, la régression, la compensation fantasmatique ou l'inhibition. À défaut d'être identifié comme un futur grand cygne, le zèbre se comporte généralement en vilain petit canard.

Très dépendant des gratifications de l'adulte quand il n'est pas reconnu, le zèbre peut mettre en péril son développement harmonieux et en subir les conséquences (repli sur soi, timidité, mutisme, et autres perturbations). La vie dans la jungle, hors des sentiers battus, n'est jamais simple et peut même devenir très dangereuse !

Recherche désespérément identité

Comme tous les ados, les zèbres doivent passer de l'autorité et du contrôle parental à l'autonomie et à la maîtrise de soi. La quête d'identité, aspect crucial du développement de la personnalité, est un stade normal du développement, mais renoncer au calme de l'enfance et accéder à une nouvelle image de soi génère des états de stress et de doutes. L'identité, sentiment intime, idée que l'on se fait de soi-même, doit avoir un caractère permanent, indépendant des expériences vécues. Stabilisée, elle sera tout à la fois psychique, sociale et sexuelle.

À l'adolescence, le jeune est généralement tiraillé entre le désir d'exprimer son identité et celui de s'identifier au groupe. Le zèbre en sait quelque chose, lui qui, dès ses premières années, a souvent fait bande à part et en a payé le prix fort : le rejet. Mais lorsque, petit, il était ou s'était lui-même exclu du groupe de ses pairs, il bénéficiait quand même du soutien et du réconfort de ses parents, de sa famille, voire, parfois, d'autres zèbres. Maintenant que la déchirure des liens de dépendance parentale est en cours, que va-t-il lui arriver s'il renonce à l'inscription dans le groupe ? Peut-il survivre en s'affranchissant de tous ses liens ? Non, bien sûr que non... En effet, quand le zèbre s'isole trop longtemps, lorsqu'il s'installe dans un état volontairement indifférencié, comme tout un chacun, il se fond dans la masse : il en perd ses rayures.

> **TÉMOIGNAGE**
>
> *J'ai beaucoup de mal à me définir, à savoir qui je suis vraiment et plus encore à savoir ce que je veux réellement. Par exemple, pour le choix d'études, je sais déjà maintenant que ça sera impossible de me décider pour une filière, car tout pourrait m'intéresser. Et l'idée que des choses intéressantes pourraient m'échapper me glace littéralement. Je sais, c'est stupide, tout le monde doit choisir, mais pour moi ça, c'est particulièrement pénible.*
>
> *Héloïse, 16 ans, Q.I.T. = 135*

Certains zèbres, des zébrettes le plus souvent, vont mettre en sourdine leurs spécificités pour se fondre dans le groupe : elles vont « faire comme si » elles ressemblaient aux autres, car l'indifférence et le rejet leur sont insupportables. Quelques-unes d'entre elles s'intégreront alors avec plus ou moins de succès dans une bande, adoptant une position discrète, toujours en phase avec les avis majoritaires, ce qui leur vaudra un semblant d'intégration et un certain équilibre. Quand les sollicitations du groupe – sortir en boîte de nuit, déserter certains cours, signer des pétitions contre un enseignant distribuant trop de travail – se feront trop pressantes, elles auront recours à certains subterfuges, allant jusqu'à se prétendre malades, hospitalisées, etc. Tous les prétextes seront bons pour ne pas être démasquées, pour sauver les apparences et rester dans le groupe.

> **TÉMOIGNAGE**
>
> *Louane a ainsi passé son adolescence à faire semblant, à voir des films qui ne lui plaisaient pas, à faire du shopping tout le samedi et à s'acheter les petits tops que toutes ses copines s'arrachaient avec tant d'enthousiasme, pour ne finalement jamais les porter. Elle comptait souvent dans sa tête le nombre d'heures à patienter avant de pouvoir rentrer chez elle pour laisser enfin tomber le costume qu'elle enfilait pour être appréciée des autres, mais qui l'empêchait elle, d'exprimer sa propre personnalité. Elle avait bien tenté de manifester ses idées, ses avis, ses envies, mais avait de suite noté la désapprobation des filles de son groupe, certaines n'hésitant pas à se moquer d'elle et à la considérer comme immature et décalée. Lors de sa thérapie, elle apprit à être moins catégorique, à formuler ses avis avec tempérance et nuance, mais à tout de même exprimer ses idées pour apprendre à exister telle qu'elle est. Elle avait par exemple à faire attention à utiliser le moins souvent possible, les mots « jamais », « toujours » et à les remplacer autant que possible par des « peut-être, oui je verrais, je n'aime pas tellement, etc. » et toutes autres sortes de précautions verbales auxquelles elle n'était pas habituée, car en général, quand Louane parlait, c'était pour affirmer et conclure, et non pour « papoter », comme elle le disait.*

Une image de soi dépréciative

L'image de soi est l'appréciation que l'on porte sur soi-même : comment on se voit, ce qu'on est capable de faire, ce qu'on croit être… C'est la photo de soi que l'on place en première page de son album mental. Il est intéressant de noter certaines particularités des zébreaux quand on leur demande de se dessiner. D'abord, on l'a vu, ils n'adhèrent pas forcément à la consigne. Ils ne manifestent souvent que peu d'intérêt pour les activités graphiques, moins encore pour les dessins et d'autant moins si le dessin doit parler d'eux. Voilà, en effet, une procédure qui cumule tous les désavantages : sans attrait, élémentaire, inutile et dérangeante…

Malgré tout, lorsque la sollicitation a été formulée avec bienveillance et de façon encourageante, on parvient à obtenir un résultat et à en conserver des traces. L'annexe B réunit quelques aspects de celles-ci, relevés sur un groupe de zèbr'ados de 12 à 16 ans, et reprend des exemples de dessins réalisés par ces jeunes. Dans plus de la moitié des cas, les zèbres ne dessinent que leur visage, souvent de profil, parfois de face. Près d'un sur cinq produit un dessin très schématique.

Il n'est pas étonnant que les zèbres se focalisent sur leur tête ! Ce sont avant tout des cérébraux et c'est là que se concentrent leur vitalité et leurs angoisses. Les dessins schématiques ou stylisés expriment un sentiment de vide intérieur : perdus en eux-mêmes, ces zèbres-là ne savent pas réellement qui ils sont. Tout-petits déjà, ils ne se sentaient pas comme les autres, mais personne n'a mis de mots sur leur différence : ils vivent alors les choses de façon plus ou moins décalée, sans pouvoir vraiment les comprendre et les exploiter. Ils les gardent pour eux, car l'image qu'on leur renvoie quand ils les expriment est souvent très incohérente et cela les fragilise encore plus.

Beaucoup de zèbr'ados et de zébrettes se lancent dans la tenue d'un journal intime. Une telle investigation de leur moi leur permet de mieux cerner, percevoir et comprendre qui ils sont. Écrire un journal intime, en effet, c'est tenter de se décrire, chercher à clarifier ce que l'on est de soi à soi, et c'est aussi mettre en formes, en signes et en traces, ses doutes, ses faiblesses et ses questionnements. Ce travail d'introspection conduit souvent au plus profond de soi et met alors en lumière les tourments du moi, mais il

> **TÉMOIGNAGE**
>
> *Quand j'étais en 5e, en cours de français, on devait se présenter en choisissant parmi une liste de mots, de verbes et d'adjectifs ceux qui nous correspondaient. Je me souviens avoir à ce moment-là rendu ma première copie blanche, car impossible pour moi de choisir quels mots me qualifiaient et encore plus impossible pour moi, d'en choisir au hasard, ce que m'a dit par la suite ma mère, quand elle a vu mon zéro : « Si tu ne savais pas quoi choisir, pourquoi tu n'as pas pris au pif ? »*
>
> *Marylou, 15 ans, Q.I.T = 131*

peut aussi chavirer dans l'infatuation ou la culpabilisation. Mais les zèbres font généralement preuve d'une grande lucidité et leurs écrits expriment souvent un point de vue équilibré et un jugement neutre, tant est grand et omniprésent leur besoin de justesse, de vérité et de justice.

Leur fragilité identitaire les rend hypersensibles et les fait réagir à des détails auxquels d'autres ne s'attacheraient pas. Ils sont vite tourmentés par de petites choses, chacune prenant beaucoup d'importance dans leur vie. Ils ne savent pas mettre leurs ressentis en perspective. Doté d'une structure psychologique plus fine et d'une conscience plus aiguë, il ressent les péripéties de la vie plus intensément que les autres.

CHAPITRE

10

Dresser ou apprivoiser le zèbre ? À propos d'un coaching possible

Comment prendre en charge les enfants à potentiel spécifique ? Que faire pour tenir avec succès le rôle difficile de parents d'enfant intellectuellement précoce ? Comment l'aider à mieux s'intégrer dans la société ? Quels conseils donner aux enseignants ayant de jeunes zèbres parmi leurs élèves ?

Toutes ces interrogations de parent d'enfant à potentiel spécifique résument l'attente de tous ceux qui viennent consulter pour savoir comment aider leur petit zèbre. À la recherche de recettes éducatives, ils veulent savoir comment se comporter face à la spécificité de cet enfant chez lequel les succès comme les difficultés sont plus prononcés. Comment être parents pour ces enfants qui ne sont décidément pas comme les autres ?
Je reçois régulièrement à mon cabinet des adultes désemparés, ayant perdu jusqu'aux bases du « métier » de parents et noyés comme leur zèbre sous un flot d'interrogations, auxquelles ils ne parviennent plus à répondre de façon satisfaisante. Ces parents en détresse posent les mêmes questions récurrentes et se présentent

souvent comme s'ils avaient perdu tout leur bon sens et qu'ils n'avaient plus la moindre idée éducative. Ils sont totalement déboussolés.

« Comment pouvons-nous répondre à ses préoccupations et canaliser son agitation ? Il ne dort pas, ne mange pas, n'aime pas l'école et a des problèmes avec les enseignants, les autres élèves, parle sans cesse, questionne tout en permanence, bref, il nous épuise. Dites-nous ce que nous devons faire, et comment ? »

> **TÉMOIGNAGE**
>
> *Je sais que mon enfant est intelligent, qu'il a un Q.I. élevé, comme vous dites, mais ce qui me préoccupe avant tout, c'est de savoir comment réussir son éducation. Que puis-je faire pour l'aider, quelles attitudes dois-je adopter pour cela ?*
>
> *Madame F.*

Dur, dur d'être parent ?

Dans un précédent chapitre, nous avons conseillé aux parents d'user d'une « douce fermeté » avec leurs petits zèbres, pour les aider à s'adapter aux exigences de la vie en société, leur faire comprendre la nécessité de l'autorité et leur expliquer pourquoi ils doivent se soumettre aux règles qui leur sont imposées.

S'il n'existe malheureusement pas de recette miracle qui réussirait pour tous les précoces, les parents – toujours à la recherche d'un mode d'emploi ou d'une méthode d'éducation efficace – doivent néanmoins savoir utiliser les ingrédients essentiels à leur disposition, dont les conseils donnés dans cet ouvrage font partie, et les adapter à la particularité de leur enfant.

Il est compliqué d'éduquer et d'aider un enfant à bien grandir. C'est encore plus difficile et éprouvant pour les parents lorsque cet enfant est un petit zèbre. Celui-ci peut facilement fragiliser les adultes et inverser les rôles éducatifs. Avec le temps, les parents en viennent à se sentir démunis et désemparés.

Ils se rendent compte qu'ils ont un enfant très sensible et, craignant de mal faire, le laissent peu à peu devenir la locomotive de la famille...

C'est évidemment une erreur à ne jamais commettre ! Les parents ne doivent pas se laisser déstabiliser au point que l'enfant en vienne à prendre une place qui ne lui revient pas et finisse par se conduire en chef de famille.

Le rôle de locomotive doit être réservé aux seuls parents ; c'est à eux de donner un sens, une

> *" Ne vous laissez jamais déstabiliser par votre zèbre ! "*

direction à la famille, de sorte que les wagons – les enfants – se sentent guidés, tirés et conduits par ceux qui leur ont donné la vie.

Il ne faut pas prendre tout ce qu'il dit pour argent comptant ! Manipulateur, le zébreau sait trouver les mots pour obtenir ce qu'il désire. Il sait quelle image transmettre aux adultes pour les mettre dans l'embarras. Les parents inquiets et qui se posent des questions en permanence sont souvent désemparés : cela ne passe pas inaperçu aux yeux du petit zèbre, qui en profite pour saper leur autorité. Il va alors imposer ses désirs et agir à sa guise, sans apprendre à se soumettre aux règles, ce qui lui posera des problèmes à l'adolescence.

Monsieur et madame M., par exemple, cherchent conseil pour savoir s'ils doivent inscrire leur enfant en classe bilingue. L'enfant a refusé d'apprendre une deuxième langue et a mis sa mère en garde : « Si tu me mets en bilingue, je vais tout faire pour avoir zéro en allemand ! Je ne veux pas apprendre l'allemand, mais seulement l'anglais. »

Au cours de l'entretien avec la famille, les parents exposent les déboires de leur vie quotidienne avec Kévin, dix ans, qui fuit le moindre effort et se comporte en tout-puissant, faisant régner sa loi à la maison. Cette tyrannie ne les a même pas alertés : ils se sont faits à l'idée de vivre avec un enfant autoritaire. En revanche, quand la question du choix des langues se pose pour l'entrée au collège et que Kévin en devient menaçant, la nécessité de faire intervenir une tierce personne s'impose à eux. Au terme de l'entrevue, monsieur et madame M. commencent à comprendre l'ampleur de leur dysfonctionnement éducatif. Ils ont accepté pendant près de dix ans que leur fils les dirige, les menace et les culpabilise, bref, ils sont devenus à leur corps défendant et presque à leur insu, les serviteurs dévoués et soumis d'un petit despote. Je les quitte après les avoir longuement exhortés à reprendre leur fonction parentale au plus tôt, pour que chacun des membres de la famille puisse y retrouver sa vraie place, et madame M. me repose en partant sa question du début : « Puisqu'il ne veut pas apprendre une deuxième langue, croyez-vous vraiment qu'il faille l'inscrire en bilingue ? »

Apprendre une deuxième langue ou non n'est en aucun cas une décision à abandonner à un enfant de dix ans, et surtout pas à un petit zèbre ! Cela lui donnerait le sentiment de savoir mieux que les adultes ce qui est bien ou non pour lui, déresponsabiliserait ses parents et lui ferait porter le poids d'une décision trop lourde pour ses petites épaules.

C'est à l'équipe parentale de prendre les décisions qu'elle estime être les meilleures. Les questions éducatives, comme celles liées à la santé ou au cursus scolaire, ne sont en aucun cas des options secondaires qu'il serait possible de laisser à la charge d'un enfant.

Mais Kévin a pris très jeune la tête de sa famille, décidant selon son bon plaisir et faisant tout à sa guise. L'embarras de cette femme face à l'opposition capricieuse de son fils était très révélateur des difficultés qu'elle rencontrait avec son petit zèbre dans les décisions de la vie de tous les jours.

Les parents doivent comprendre que, quelle que soit l'attitude de leur enfant, ils doivent agir avec la douce fermeté que nous avons évoquée plus haut, et tenir pleinement leur rôle éducatif, qui est essentiel. C'est ici que le triple A doit trouver sa place : de l'Amour, de l'Autorité puis des Autorisations, tels seraient les principaux ingrédients éducatifs pour tout enfant et plus encore pour le zèbre, qui cherche tant à évincer le second A pour se l'approprier. Mais ce sont les parents qui éduquent et non l'enfant ! C'est à cette seule condition qu'ils pourront l'aider à mettre à profit son potentiel et à trouver sa place dans une société régie par des règles auxquelles il devra se soumettre pour réussir. C'est ici que l'autorité parentale doit pouvoir s'exprimer, mais souvent par peur des conflits, par crainte d'être moins aimés, les parents hésitent à asseoir leur autorité. Poser fermement des limites sans culpabilité ni violence est pourtant indispensable au bon développement et à l'équilibre de tout enfant[1].

À quoi s'attendre lors d'une prise en charge thérapeutique ?

Comme pour tout enfant et quel que soit son âge, quand des parents se posent des questions ou sont inquiets au sujet de conduites l'invalidant ou mettant en souffrance son entourage, c'est le bon moment de se rapprocher d'un psychologue. Quand un bilan a été fait et qu'aucune anomalie particulière n'a été relevée, habituellement, il est d'usage de revoir l'enfant annuellement pour faire un point général et questionner la suite de son évolution, notamment les choix scolaires et d'activités.
Quand des fragilités ont été repérées, un protocole d'aide aussi ajusté que possible sera proposé de suite après le bilan, afin d'équilibrer au mieux le fonctionnement de l'enfant et de l'aider le plus rapidement possible à dépasser ses difficultés.
Si à un moment donné, l'enfant ou l'ado connaît une situation particulière (décès, maladie d'un proche, accident, échec, etc.), comme il surréagit, il est toujours important de prendre un avis auprès du psychologue référent. Souvent, un appel téléphonique des parents présentant la situation permet déjà de renseigner sur l'urgence ou la nécessité de proposer un rendez-vous autour de l'événement.
Il existe aujourd'hui de nombreuses approches thérapeutiques et il serait erroné de penser que l'une puisse détrôner l'autre. Comme dans toute démarche

---

1. Claude Halmos

humaine, c'est la qualité de la relation, donc du transfert, qui va grandement déterminer la qualité de la prise en charge. La seule démarche irremplaçable est celle du test, qui doit obligatoirement être passé par un psychologue diplômé, celui-ci pouvant être soit scolaire, soit hospitalier, soit libéral, et se renseigner sur son expérience et sa notoriété sont des gages de bonnes conditions testuelles. Veillez à ne pas accepter que d'autres professionnels non psychologues ou des étudiants s'aventurent à les faire passer : cela me paraît souhaitable. La passation d'un test, mais surtout son interprétation et la qualité du compte-rendu écrit jouent un rôle prépondérant pour les suites éventuelles à donner. Par contre, quant à l'accompagnement thérapeutique, s'il est pas possible que le psychologue testeur le fasse, du fait d'un éloignement géographique ou d'un manque de disponibilité par exemple, il est possible de se rapprocher de différents professionnels, le seul critère étant leur sensibilité aux questions de haut potentiel : ainsi certains ados sont accompagnés par des psychiatres, des psycho praticiens, des kinésiologues, des sophrologues, des musicothérapeutes etc. La connaissance de la particularité cognitive associée à un transfert favorable garantiront alors un accompagnement de qualité.

En raison de la multiplicité des approches thérapeutiques, il est difficile de proposer un fil rouge qui serait commun à toutes celles-ci. Nous vous proposons cependant de découvrir la prise en charge que nous prônons dans notre cabinet à l'annexe C.

> **CONSEILS**
>
> **Outil utile dans le cadre d'une thérapie**
>
> Au Cabinet Psy n Co, tous les consultants ont à disposition un cahier thérapeutique, où ils sont invités à formuler par écrit leur demande (car l'écrire permet déjà de la poser hors de soi) et peuvent aussi à tout moment me joindre par téléphone ou par mail pour avoir en temps réel une écoute et du réconfort. Ne pas nécessairement intervenir dans l'urgence, mais toujours répondre dans l'instant est la devise du cabinet, qui est pour ces raisons-là, ouvert toute l'année, avec des professionnels qui ont accès à tous les dossiers et qui se relaient pour répondre aux demandes.

Enseignants, rassurez-les !

On ne peut traiter du coaching des zèbres sans aborder l'attitude que les enseignants devraient adopter envers leurs élèves intellectuellement précoces. S'ils désirent les aider à maîtriser leur potentialité, l'ingrédient majeur de leur « cuisine » pédagogique consistera à les rassurer et les encourager, car, en dépit de leur quotient intellectuel élevé, les zébreaux manquent très souvent de confiance en eux.

Lorsque l'enseignant apprend une précocité, il a le sentiment que l'enfant possède d'emblée tous les atouts de la réussite, puisqu'il est plus doué que les autres. L'échec fait alors l'objet de remarques péjoratives qui ne font que renforcer le manque de confiance en soi du zébreau, ainsi que son envie de tout laisser tomber. Dans les premières classes, très souvent, la bienveillance de l'enseignant sera la meilleure mesure à adopter, pour encourager l'élève à exprimer ses aptitudes et ne pas avoir peur de l'échec ou de l'erreur.

Beaucoup d'élèves à haut potentiel sont par ailleurs perfectionnistes, ce qui peut constituer une force puissante, mais aussi immobiliser toute leur énergie et les ralentir. Ils ont l'auto-critique facile, sont toujours insatisfaits de leurs productions et se sentent misérables dès qu'ils n'atteignent pas l'objectif qu'ils s'étaient fixés eux, qui bien souvent est significativement au-dessus de celui des enseignants. Ils visent ainsi des valeurs irréalistes, persistent quand les autres renoncent et portent en eux, le projet de vouloir et de pouvoir changer le monde. Le haut potentiel est souvent le cousin du perfectionnisme, car dès leurs premières années d'études, le travail donné leur semble trop facile et ils vont alors chercher à le complexifier jusqu'à atteindre ce qu'ils estiment être la perfection. Combien d'entre eux font et refont une tâche à la moindre petite rature, pour parfois abandonner et ne rien rendre, car la perfection n'était pas au rendez-vous ? Combien d'entre eux s'abstiennent de répondre aux épreuves du test de QI, car ils ne sont pas certains de leurs réponses ou les trouvent approximatives ?

Quelques mots sur la formation des enseignants

Idéalement, il faudrait pouvoir permettre à tous les enseignants d'avoir, à défaut d'une formation, au moins une information au sujet des élèves à haut potentiel. Ainsi pour leur donner des outils pour mieux identifier et mieux prendre en compte ces élèves, il faudrait :
- dans la formation initiale, mettre en place des modules d'information plus poussés autour de la précocité intellectuelle et des troubles de l'apprentissage ;
- dans la formation continue, développer également des modules d'information pour s'assurer que chaque enseignant, qu'il travaille dans le primaire ou le secondaire, puisse être ou rester informé.

Le milieu associatif, notamment l'APEF et l'ANPEIP, œuvre depuis de nombreuses années en faveur de formations en direction des enseignants.
Au Cabinet Psy n Co, nous proposons également en période de pré-rentrée scolaire, une formation dédiée aux enseignants, où au cours d'une journée, nous les outillons puis nous restons toute l'année à leur disposition pour les épauler en temps réel. Les enseignants qui nous contactent le font de leur propre initiative et n'ont malheureusement pas de financement de la part de leurs supérieurs pour honorer les frais de cette journée de formation. Cependant, ils sont chaque année de plus en plus nombreux à nous rejoindre, formant ainsi une communauté d'enseignants sensibilisés, qui peuvent à leur tour être des porte-voix dans leurs écoles respectives. Nous pensons que cette démarche pourrait amener des résultats fructueux si elle était généralisée.

> ### 💡 CONSEILS
>
> En tant qu'enseignant...
> - Pensez à des **formulations positives** pour amener l'élève à se rectifier, comme « essaie encore », « cherche une autre réponse », ou appuyez-vous sur des smiley.
> - **Limitez l'emploi du rouge**, symbole du faux, de l'interdit, de l'erreur et favorisez d'autres couleurs pour les corrections. Cela aidera tant les élèves à haut potentiel que tous les autres à être plus à l'aise avec leur place « d'apprenant ».
> - Quand les tâches sont réalisées et justes, **permettez à l'élève de piocher une activité plaisir**, une activité récompense et ne lui proposez pas uniquement de continuer sur du scolaire. Cela donnerait confiance et surtout inciterait le zèbre et tous les autres à vouloir travailler bien et vite. Malheureusement trop souvent, on constate que celui qui a terminé son travail avant les autres, sans erreurs, sera invité à continuer de faire de nouvelles tâches scolaires, de surcroît en autonomie, qui bien souvent ne seront ni notées ni corrigées. Drôle de façon de récompenser celui qui sait et qui fait bien !
> - Pour aider la confiance à s'exprimer, **invitez l'élève à haut potentiel à mettre ses aptitudes au service de l'école**, en allant par exemple animer un atelier de lecture en classe inférieure, en réalisant un poster de conjugaison, pour remplacer celui qui est défectueux de sa classe ou dans une autre, en créant une affiche d'informations générales pour toute l'école. C'est en lui confiant des missions annexes qu'il saura s'épanouir et qu'il continuera d'aimer l'école et les apprentissages.

En classe, on ne peut qu'encourager les enseignants à fournir assez de travail nécessitant des efforts aux enfants doués, afin qu'ils expérimentent très tôt des difficultés à apprendre. Certains encouragent d'ailleurs les enseignants à féliciter les élèves pour les efforts fournis et non pas pour les résultats, pour qu'ils puissent être à l'aise avec la prise de risque, l'erreur, la non-réponse. Mais si certains élèves à haut potentiel sont des perfectionnistes dysfonctionnels, c'est-à-dire des sujets constamment anxieux à l'idée de commettre des erreurs et d'être jugés pour celles-ci, la plupart des zèbres sont sainement perfectionnistes, et s'appuient quant à eux sur un besoin de tendre vers la perfection, acceptant leurs erreurs et les envisageant comme des sources d'expériences, cherchant ainsi à mobiliser leurs efforts pour toujours s'améliorer.

Les zèbres réussissent aussi souvent mieux dans les classes spécialement destinées aux potentiels spécifiques, où les enseignants sont bien préparés et suffisamment aguerris : ils y sont mis davantage en confiance, et les professeurs savent que, même s'ils ont affaire à des jeunes à potentiel spécifique, ils doivent les placer dans les conditions appropriées pour les aider à le développer. L'enseignant doit comprendre que ces élèves n'arrivent pas à travailler de façon méthodique. Ils ont besoin d'une aide particulière pour maîtriser leur potentiel, mais cette aide, il faut bien le dire, leur est assez rarement prodiguée.

Le zèbre a longtemps été le grand oublié de l'école. Le système scolaire accorde logiquement son soutien aux élèves socialement, intellectuellement et physiquement les plus défavorisés, car il cherche – en toute justice – à compenser autant que possible les handicaps.

Il se souciera donc plus volontiers des quotients intellectuels les plus faibles, les plus désavantagés, négligeant ceux que l'on considère comme des forts, des privilégiés, et qui sont donc censés n'avoir besoin de rien. Loin s'en faut, pourtant ! La précocité, qui devrait être un atout, dégénère trop souvent en handicap.

> **TÉMOIGNAGE**
>
> *Léandre, 9 ans, scolarisé en C.M.2 avec deux ans d'avance, est un élève très à l'aise dans sa scolarité et dans sa vie sociale. Pratiquant l'athlétisme depuis quelques années déjà, très compétiteur et totalement décomplexé face à l'échec, il a toujours le mot juste, l'humour à portée de voix, pour parler de lui et de ses quelques ratés : « Je retourne à Décathlon rendre mes baskets, ils ont noté « running easy » mais je n'ai rien remarqué d'easy ! Preuve en est : j'ai fait le plus mauvais chrono de nous tous. A moins que ce soit moi qui n'était pas bien dans mes baskets ! »*

En résumé

Réussir à apprivoiser le zèbre – c'est-à-dire, évidemment, son éducation – dépend de plusieurs facteurs :

- Pour les parents : ne jamais abandonner leur rôle de locomotives, de chefs de la famille, et user d'une douce fermeté avec leur zébreau. Ne pas se laisser déstabiliser par ces enfants qui sont très manipulateurs et tenter de toujours rester exemplaire soi-même, pour servir de guide et de référent. Leur faire comprendre et leur inculquer – dans cet ordre-là de préférence – la nécessité de se soumettre aux règles et à l'autorité.

- Pour la prise en charge : éviter les thérapies au long cours, sans objectifs clairs, peu efficaces pour les potentiels spécifiques, qui n'aiment pas s'inscrire dans une trop grande durée. Déterminer avec eux les objectifs à atteindre, ce qui les poussera à collaborer, favoriser des outils attractifs et multiplier les champs disciplinaires, de manière à leur permettre d'être pris en charge par des experts.

- Pour les enseignants : savoir les rassurer et cesser de croire qu'avec un Q.I. élevé ils possèdent d'emblée toutes les clés de la réussite.

> ### TÉMOIGNAGE
>
> *Pierre-Louis, 14 ans, scolarisé en 3ᵉ avec un an d'avance, est un élève qui ne renonce pas devant les efforts. Il a ainsi passé plus de 20 heures à préparer un travail d'art plastique, trouvant toujours le précédent pas assez satisfaisant, et ne s'arrêtant que lorsqu'il n'avait plus de matériel suffisant pour le refaire une énième fois. S'exprimant sur son travail, il déclarait que refaire autant de fois son œuvre était signe qu'il était tout simplement un artiste en herbe !*

Toute différence a son coût dans notre société. Il peut être très élevé pour le jeune précoce à qui l'on n'aura pas accordé l'aide spécifique et les soins particuliers dont il a tant besoin. Quoi de plus beau, en revanche, qu'un zèbre épanoui, s'ébrouant hardiment dans la savane ?

Postface
Que sont-ils devenus ?

Force est malheureusement de constater que la plupart des zèbres ne réussissent que moyennement sur les plans scolaire et professionnel, certains se retrouvant même dans des impasses, ne sachant quelle porte ouvrir pour s'en sortir. Beaucoup se reconvertissent sur le tard quand leur précocité est détectée. Les zèbres qui réussissent le mieux, dont l'avenir est le plus stable, sont ceux dont la précocité a été établie suffisamment tôt : les prises en charge accompagnant ce diagnostic permettent alors une meilleure adaptation aux systèmes éducatifs, sociaux et professionnels. L'encadrement est primordial pour le bon développement du zébreau, et c'est ce que nous espérons avoir montré au fil de ce livre.
Depuis ces dix dernières années, le système scolaire a pris conscience de la nécessité d'apporter aux potentiels spécifiques, le soutien et l'encadrement leur permettant de maîtriser leurs capacités. Gageons donc que la nouvelle génération de zèbres s'en sortira mieux que celles qui l'ont précédée !
J'ai réalisé, entre mai et septembre 2006, une étude auprès de cinquante-six jeunes potentiels spécifiques reçus à mon cabinet il y a quelques années, dans le but de mieux connaître leur devenir à l'entrée dans la vie adulte. Quarante-neuf d'entre eux répondirent favorablement à mon appel, acceptant un entretien-bilan au cours duquel ils furent invités à s'exprimer sur les effets de la révélation de leur précocité, depuis sa découverte jusqu'à aujourd'hui. Ce « micro-sondage » a évidemment ses limites, mais il n'est pas dénué d'intérêt.
Ces entretiens-bilans ont à nouveau mis en relief la difficulté d'être un zèbr'ado serein et épanoui, tant dans le cadre de leurs études que dans leur vie relationnelle. Certains connaissent une scolarité assez normale, tandis que d'autres éprouvent davantage de difficultés (surtout les garçons). Invités à se décrire, tous les zèbres sans exception se qualifient de « très sensibles », ajoutant généralement, et cela quelque que soit le sexe : « fragile, généreux, compliqué, pas comme les autres, à part, honnête, désorganisé, angoissé, insomniaque. » Force est de constater que le regard qu'ils portent sur eux-mêmes n'est pas aussi valorisant qu'il pourrait

l'être : leur ressenti pointe davantage les difficultés que les qualités, ce qui est symptomatique d'une image de soi inachevée, fragile et confuse.

La réussite du zèbre, comme celle de tout un chacun, est liée à la notion de travail, d'effort et de rigueur. Ces notions ne vont pas de soi, surtout pour lui : ce sont des valeurs qu'il faut absolument lui inculquer. Un potentiel spécifique n'est pas en soi une garantie de succès.

Le même message transparaît dans tous les ouvrages consacrés aux enfants intellectuellement précoces : lorsque sa potentialité est reconnue, acceptée, soutenue et traitée comme telle, le zébreau en fait quelque chose de concret et accède à un domaine d'activités qui lui correspond davantage. Même s'il ne se mobilise pas vers d'autres choix scolaires ou professionnels, cette reconnaissance le soulage. Le vilain petit canard du troupeau, l'âne sauvage trop rayé, celui qui avait toujours été considéré comme un bon à rien ou un insoumis, accède enfin à un statut qui lui est propre et reçoit les outils spécifiques destinés à l'aider dans la construction de sa personnalité, dans l'acceptation apaisée de sa différence, par lui-même comme par autrui : il devient alors un beau grand cygne, un magnifique zèbre adulte équilibré, capable de réaliser ses potentialités, prêt à tenir toutes ses promesses.

Annexe A

Tableau de correspondance des classes d'âge dans les systèmes scolaires francophones

Ordre d'enseignement	Âge	BELGIQUE	FRANCE	QUÉBEC	SUISSE
MATERNEL	avant 6 ans	(3-5) Maternelle	(2-5) Petite section (1re année - Cycle 1) moyenne section (2e année - C1) grande section de maternelle (3e année - C1 et 1re année - C2)	(4 ans) Pré-maternelle (5 ans) Maternelle	(4-5) Maternelle
PRIMAIRE	6 ans	1re primaire	CP (cours préparatoire - 2e année - Cycle 2)	1re primaire (1er Cycle)	classe de 1re
	7 ans	2e primaire	CE1 (cours élémentaires 3e année - Cycle 2)	2e primaire (1er Cycle)	classe de 2e
	8 ans	3e primaire	CE2 (cours élémentaire 1re année - Cycle 3)	3e primaire (1er Cycle)	classe de 3e
	9 ans	4e primaire	CM1 (cours moyen 2e année - Cycle 3)	4e primaire (2e Cycle)	classe de 4e
	10 ans	5e primaire	CM2 (cours moyen 3e année - Cycle 3)	5e primaire (3e Cycle)	classe de 5e*
	11 ans	6e primaire		6e primaire (3e Cycle)	classe de 6e*
SECONDAIRE	11 ans		classe de 6e (Collège)		
	12 ans	1re secondaire	classe de 5e (Collège)	1re secondaire	classe de 7e*
	13 ans	2e secondaire	classe de 4e (Collège)	2e secondaire	classe de 8e
	14 ans	3e secondaire	classe de 3e (Collège)	3e secondaire	classe de 9e
	15 ans	4e secondaire	classe de 2e (Lycée)	4e secondaire	gymnase 1
	16 ans	5e secondaire	classe de 1re (Lycée)	5e secondaire	gymnase 2
	17 ans	6e secondaire	terminale (Lycée)	Cégep 1**	gymnase 3
	18 ans			Cégep 2**	gymnase 4

*   Selon les cantons, le secondaire suisse commence en 7e ou en 6e, parfois dès la 5e.
** Le collège québécois (CEGEP: centre d'enseignement général ou professionnel) est un ordre spécifique, intermédiaire entre le secondaire et l'université.

Annexe B

Autoportraits de zèbr'ados

Vous trouverez ci-dessous les résultats de l'étude évoquée au chapitre 9, au cours de laquelle nous avons demandé à 60 zèbres de se dessiner.

Populations	Refus	Types de dessins
30 garçons « zèbres » 12-16 ans	25 %	Personnage entier face : 5,5 % Personnage entier profil : 11,1 % Profil seul : 38,8 % Face seule : 16,6 % Représentation schématique : 27,7 %
30 filles « zèbres » 12-16 ans	10,3 %	Personnage entier face : 15,38 % Personnage entier profil : 23,07 % Profil seul : 38,46 % Face seule : 11,53 % Représentation schématique : 11,53 %
30 garçons 12-16 ans	6,6 %	Personnage entier face : 53,57 % Personnage entier profil : 28,57 % Profil seul : 7,14 % Face seule : 7,14 % Représentation schématique : 3,57 %
30 filles 12-16 ans	0 %	Personnage entier face : 56,6 % Personnage entier profil : 36,6 % Profil seul : 6,6 % Face seule : 0 % Représentation schématique : 0 %
60 adolescents « zèbres »	38,3 %	Personnage entier face : 11,36 % Personnage entier profil : 18,18 % Profil seul : 38,63 % Face seule : 13,63 % Représentation schématique : 18,18 %
60 adolescents	6,6 %	Personnage entier face : 55,17 % Personnage entier profil : 32,75 % Profil seul : 6,89 % Face seule : 3,44 % Représentation schématique : 1,72 %

38,3 % des zèbr'ados refusent d'exécuter la consigne, contre 6,6 % seulement dans le groupe témoin, ce refus étant beaucoup moins fréquent chez les zébrettes (10,3 % contre 25 %), 52 % des jeunes zèbres ne dessineront que le visage, le plus souvent de profil (38,63 % contre 13,63 %), alors que cette option n'est choisie que par 10,33 % des ados du groupe témoin. 18 % des zèbres se contentent d'une approche schématique du personnage, proportion qui chute à 1,72 % dans le groupe témoin (dont aucune fille.)

Guillaume, 14 ans, Q.I.T. = 155)

Juliette, 12 ans, Q.I.T. = 147

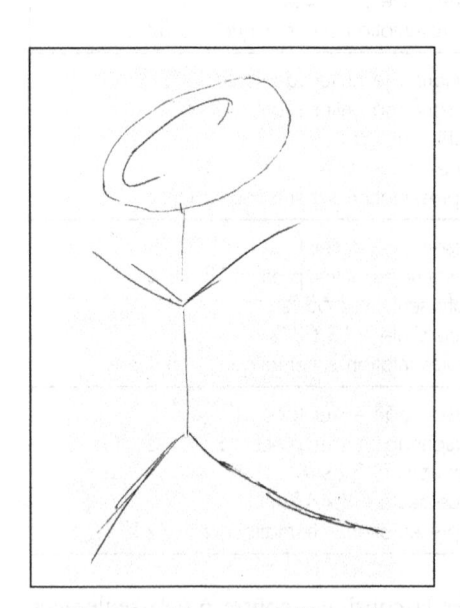

Dorian, 16 ans, Q.I.T. = 149

Élise, 15 ans, Q.I.T. = 136

144   Comprendre l'adolescent surdoué

Annexe C

La prise en charge thérapeutique au cabinet Psy n Co

Si les parents ont souvent bien du souci avec leurs petits zèbres, la prise en charge thérapeutique des hauts potentiels est aussi une gageure pour les professionnels. Nous aimerions proposer dans cette annexe un protocole de prise en charge appropriée à ces zèbres à besoins particuliers, non pas une recette figée, mais quelques suggestions fondées sur bientôt trente années d'expérience dans la prise en charge de ces adolescents « pas tout à fait comme les autres ». Mon protocole thérapeutique, s'il reste inspiré par l'approche comportementale et cognitive et par l'E.M.D.R., a grandement évolué au fil des années, tant au niveau de regards croisés issus d'autres disciplines, que d'outils novateurs, comme le casque de réalité virtuelle ou les visio-consultations.

Après avoir œuvré pendant plus de vingt ans en cabinet privé, mon projet de créer un regroupement de professionnels a pu se concrétiser autour de l'ouverture du cabinet Psy n Co, où je me suis entourée de collaborateurs, venant apporter à mon travail leurs expertises respectives pour améliorer la qualité des prises en charge proposées à nos consultants. C'est ainsi qu'une diététicienne, une sophrologue, une graphothérapeute, un ostéopathe, un psycho-praticien adultes et seniors et une conseillère en image œuvrent à mes côtés, afin de permettre aux consultants de bénéficier de regards croisés sur leurs difficultés et de les lever plus efficacement.

Quand un consultant, enfant ou ado, à haut potentiel ou non, s'adresse à notre cabinet pour une demande d'accompagnement thérapeutique, il est habituellement accueilli avec ses parents par moi-même au cours d'un premier rendez-vous, qui aura comme objectif de faire connaissance, de lister ses demandes et difficultés et pour moi, de présenter à l'issue de celui-ci la prise en charge la plus ajustée à sa situation. Souvent mais non systématiquement, pour les zèbres de tout âge, une proposition de prise en charge croisée sera suggérée, double voire même triple, afin d'ouvrir simultanément plusieurs portes d'accès : thérapie/sophrologie, thérapie/diététique, thérapie/sophrologie/aide graphique, etc.

En fonction des difficultés présentées par le consultant lui-même et sa famille, des pistes d'accompagnement seront ainsi suggérées et cette entrevue inaugurale se clôturera sans aucun engagement ni autre prise de rendez-vous. L'enfant ou le jeune sera alors invité à réfléchir, en dehors de nos murs, et avec sa famille ou d'autres personnes référentes, à la suggestion thérapeutique émise, et en cas d'adhésion, adressera sa demande écrite aux professionnels du cabinet, qui l'étudieront, rédigeront un projet, planifié et chiffré, qui, s'il revenait signé de la part du consultant et de ses parents, déboucherait alors sur un accompagnement. Il nous semble primordial de ne pas bousculer le démarrage d'une thérapie et de placer dès ce moment-là l'enfant ou le jeune au cœur de la démarche, notamment le zèbre, qui procrastine et qui n'aime pas les engagements ni les actions. Par ailleurs, n'oublions pas que nous ne sommes ni soignants, ni médecins ; nous n'intervenons donc pas dans l'urgence, que nous laissons le soin au consultant d'évaluer, par son retour, plus ou moins rapide.

Prenons l'exemple d'une jeune fille de 12 ans, intellectuellement précoce, qui présente des troubles alimentaires : une suggestion d'un accompagnement en trois volets lui sera proposée : thérapeutique, sophrologique et diététique. L'étude de sa demande inaugurale nous permettra d'identifier ses propres besoins (cherche-t-elle à comprendre le sens de ses troubles, un lieu neutre d'écoute et de paroles, cherche-t-elle des conseils diététiques, des astuces pour lutter contre ses pulsions ?), de les quantifier en terme de sévérité et de lui proposer un « sur-mesure » grâce à ce travail en synergie, afin de lui éviter un éparpillement et une perdition d'énergie, car au sein d'une même structure, les dossiers se partagent et se complètent, selon les besoins et demandes. Si sa demande était davantage orientée autour de ses émotions, l'axe central de sa thérapie serait alors psycho-corporel et le référent de son accompagnement serait la sophrologue, qui veillera à organiser les rendez-vous intermédiaires avec la famille, mais qui prendra aussi les contacts avec l'extérieur (école, médecin, etc.). Un tel protocole pourrait par exemple se concrétiser de la façon suivante : un entretien de départ uniquement dédié aux parents pour affiner l'anamnèse, au cours duquel tous les thérapeutes seraient présents, puis 5 séances de sophrologie, dédoublées en alternance avec de la thérapie et de la diététique, puis une séance bilan dédiée à la famille et à la jeune fille, au cours de laquelle thérapeutes et famille rendent compte de leurs avancées mutuelles. En fonction des retours des uns et des autres, et avec l'avis de la jeune fille, la deuxième partie de la prise en charge sera réajustée, continuant soit sur le modèle initial, soit non, remplaçant par exemple les séances de diététique par de la thérapie ou *vice-versa*, et les séances espacées alors à chaque 3 semaines viendraient terminer ce deuxième volet. La dernière phase, dite de consolidation, est souvent proposée en rendez-vous au cabinet, en alternance avec des visio-séances, ce qui permet progressivement au consultant de se délier des thérapeutes et d'expérimenter en autonomie les effets de son travail. Lors de cette phase, pour les problématiques en lien avec l'image du corps, une séance auprès de notre conseillère en image sera toujours encouragée, car une jeune fille qui a pris ou perdu du poids a vu son image du corps évoluer, se modifier, et lui donner des conseils esthétiques pour bien vivre avec cette nouvelle image est un atout supplémentaire, que notre cabinet peut proposer. La dernière étape, qui se fait hors de nos murs, est gérée uniquement par le référent du dossier, qui va prendre des nouvelles pendant quelques mois encore, par messages et appels téléphoniques. Renforcer, encourager, rappeler les lignes conductrices de chaque prise en charge au consultant sont autant de « piqûres de rappels », utiles et rassurantes pour éviter des rechutes.

L'ensemble de mes collaborateurs a été formé par mes soins aux particularités des enfants, ados et adultes à haut potentiel, et avec chacun d'eux, j'ai pris le temps nécessaire pour réfléchir et rédiger des protocoles ajustés aux particularités des personnes à haut potentiel : ainsi des prises en charge en graphothérapie et en méthodologie ont été conçues spécifiquement pour les zèbres de tout âge, mais en diététique, des séances « sur-mesure » ont aussi été repensées, avec l'introduction d'ateliers ludiques et pratiques, ou encore en sophrologie, où ma collaboratrice s'est formée en relaxation, en méditation en pleine conscience, en Fleurs de Bach, en Huiles Essentielles, qui sont, pour moi, des outils de qualité pour les zèbres. Les problèmes d'énurésie, d'encoprésie, de constipation ont été quant à eux revus à travers le regard de mon collaborateur ostéopathe, qui accueille souvent en première instance le consultant, pour vérifier si, au niveau corporel, des blocages n'expliquent pas ces troubles sphinctériens. Ma collaboratrice psycho praticienne est venue renforcer notre équipe, afin que les parents de nos zèbres puissent trouver dans un même lieu, l'écoute dont ils ont besoin. C'est aussi elle qui assume les prises en charge à domicile, pour ne pas ainsi oublier les séniors dont les zèbr'âgés, qui il y a 20 encore venaient au cabinet, mais qui à présent peuvent rencontrer des difficultés de locomotion. Ils ne sont pas laissés pour compte, puisque leurs entretiens peuvent à présent se faire à domicile, dans le cadre de leur maison, ou maison de retraite parfois. Si l'orientation de notre cabinet est principalement tournée autour des zèbres, nous accueillons bien sûr aussi, avec la même énergie et le même engouement, tout autre consultant, qu'il soit ou non zébré, car ce qui est valable pour le sujet qui fonctionne en « XXL » est bien sûr aussi valable pour toutes les autres tailles de personnalité !

Dans le cadre de l'accompagnement thérapeutique des enfants et adolescents à haut potentiel, j'ai créé et développé tout un panel d'outils, de métaphores, de schémas et référentiels pour aider les consultants à dépasser leurs souffrances, à mieux se comprendre, et renoncer aux impasses dans lesquelles ils s'installent parfois.

- La métaphore du train, avec sa locomotive qui dirige, locomotive qui ne peut qu'être constituée d'adultes – parents, enseignants, professionnels etc –, et les wagons, donc les enfants, qui doivent se laisser diriger, guider, pour arriver à bonne destination. Qu'il s'agisse du train de la famille ou du train de l'école, partout où se trouve un enfant, un adolescent, un élève, ce sont les adultes ses dirigeants.

- La métaphore de l'escalier reprend elle aussi cette donnée : chacun en fonction de son âge, se trouve sur une marche de l'escalier de la vie : chaque année, on monte d'une marche, se rapprochant ainsi du 20e palier, âge adulte où toutes les décisions pourront se prendre en autonomie. Chacun protège et veille sur les plus petits que soi, mais chacun aussi se soumet aux plus de 20 ans, donc aux adultes, en apprenant à les respecter et à leur obéir.

- La métaphore du jardin, qui sensibilise à semer, à entretenir, à prendre soin de ses plantations si l'on veut un jour récolter de belles productions : qui ne plante rien, récoltera essentiellement des mauvaises herbes, qui plante des efforts récoltera des gratifications, mais qui plante des méchancetés, récoltera du rejet etc.
- La métaphore du tunnel, dans lequel s'engouffre parfois certains, et de la lumière que peut apporter le professionnel pour éclairer leur chemin et les aider à en sortir rapidement, car qui s'éternise dans un tunnel, finit par ne plus trouver d'issue et s'y perdra.

À chaque fois que possible, pour les plus jeunes, des schémas et illustrations seront dessinés dans leur cahier thérapeutique, et pour les plus âgés, des mots-clés seront notés dans le smartphone ou enregistrés grâce au dictaphone, pour qu'ils puissent chez eux, retrouver l'essentiel des échanges et continuer de les faire vibrer en eux. Il est aussi commun lors d'une séance thérapeutique d'écouter depuis l'ordinateur une chanson en se référant à ses paroles et ce qu'elles nous enseignent : *Maintenant, je sais*, de Jean Gabin, ou *Parler à mon père*, de Céline Dion, ou encore *Un jour au mauvais endroit*, de Calogéro, peuvent être des supports pour aborder des thématiques sensibles et faire réagir et réfléchir le jeune. Ré-écouter par la suite chez soi, des chansons ou quelques extraits, en ayant décortiqué et apporté du soin à certaines paroles, sont souvent de bons déclencheurs ou accélérateurs de prises de conscience. L'étude de certains textes choisis, parfois de campagnes publicitaires, est aussi un outil sociétal sur lequel je m'appuie, convaincue de ne pouvoir toucher, atteindre l'adolescent qu'en s'appuyant sur des supports modernes, de sa génération et des précédentes. C'est ainsi que le casque de réalité virtuelle peut aussi venir en renfort, parfois simplement pour apaiser et faciliter un climat de relaxation chez un jeune, éprouvé par un échec ou la perte d'un proche, ou encore pour aborder des thématiques plus complexes, comme celles des addictions. Ce qui me paraît fondamental, c'est de pouvoir proposer en 2018 à nos consultants des solutions thérapeutiques de notre temps et remiser l'idée, d'un grand nombre de nos prédécesseurs, qui pensaient que le cheminement thérapeutique devait, pour être efficace, être long, douloureux et morose. Mon expérience avec les enfants et adolescents, plus encore avec les sujets à haut potentiel, chez qui tout va vite, m'a rapidement conduit à reconsidérer mes outils et à toujours réfléchir à les rendre attractifs, actuels, dynamiques, pour pouvoir les glisser facilement dans l'approche comportementale et cognitive, base théorique principale sous-tendant ma direction thérapeutique.

Bibliographie

Livres

- Adda A., *Le livre de l'enfant doué*, Solar, 1999.
- Adda A., Catroux H., *L'enfant, doué. L'intelligence réconciliée*, Odile Jacob, 2003.
- Albers S., *Je mange en pleine conscience*, De Boeck Supérieur, 2017.
- Apbaret J.P., *Troubles de l'écriture chez l'enfant : des modèles à l'intervention*, De Boeck, 2013.
- Asper-Brack M., *Des yeux qui pétillent… l'identification et les difficultés scolaires des jeunes à haut potentiel*, Secrétariat Suisse de pédagogie curative et spécialisée, Lucerne, 2005.
- Autain-Pléros E., *Je suis précoce et mes parents vont bien*, Chronique Sociale, 2009.
- Besse A.M., *La pédagogie spécialisée face aux élèves surdoués*, Secrétariat suisse de pédagogie curative et spécialisée, Lucerne, 1999.
- Betts G., Kercher J.K., *The autonomous learner model: optimizing ability*, Greeley, Colorado, 1999.
- Beylouneh C., *Mon enfant est précoce : comment l'accompagner*, Marabout, 2005.
- Bernaud J.L., *Tests et théories de l'intelligence*, Dunod, 2000.
- Bert J., *L'échec scolaire chez les enfants dits « surdoués »*, Auto-édition, 2000.
- Bléandonu, *Les enfants intellectuellement précoces*, PUF, Que sais-je, 2004.
- Brasseur S. et Cuche C., *Le haut potentiel en questions*, Mardaga, 2017.
- Cauvin P., *e=mc2 mon amour*, Livre de Poche, 1977.
- Chauvin R., *Les surdoués*, Stock, 1975.

- Clarke R., *Super-cerveaux : des surdoués aux génies*, PUF, 2001.
- Coriat A., *Les enfants surdoués : approche psychodynamique et théorique*, Centurion, 1987.
- Côte S., *Doué, surdoué, précoce, L'enfant prometteur et l'école*, Albin Michel, 2002.
- Côte S., *Petit surdoué deviendra grand, l'avenir de l'enfant précoce*, Albin Michel, 2003.
- Côte S., Kiss L., *L'épanouissement de l'enfant doué*, Albin Michel, 2009.
- De La Garanderie A. et coll., *Tous les enfants peuvent réussir*, Marabout, 2003.
- De Kermadec M., *Pour que mon enfant réussisse*, Albin Michel, 2010
- Desmottes L., *Surdoué et heureux, c'est possible*, Amalthée, 2016.
- Dewalle M., *Parcours HP : Mieux comprendre pour mieux accompagner le haut potentiel*, Erasme, 2017.
- Droehnlé-Breit C., *Paroles pour adolescents à potentiel intellectuel spécifique. Le miroir du zèbre*, Mare et Martin, 2007.
- Droehnlé-Breit C., Allievi C., *Un non d'amour pour bien grandir*, De Boeck, 2014.
- Dweck C.S., *Changer d'état d'esprit*, Margada, 2010.
- Estienne F., Dysorthographie et dysgraphie, Elsevier Masson, 2014.
- Filliozat I., Au cœur des émotions de l'enfant, Poche Marabout, 1999.
- Fournier J.Y., *A l'école de l'intelligence : comprendre pour apprendre*, E.S.F., 1999.
- Foussier V., *Enfants précoces, enfants hors du commun*, J. Lyon, 2008.
- Gardner H., *Les intelligences multiples. Pour changer l'école : la prise en compte des différentes formes d'intelligence*, Retz, 1966.
- Gérin S., *Et s'il était surdoué*, Marabout, 2000.
- Giordan A., Binda A., *Comment accompagner les enfants intellectuellement précoces*, Delagrave, 2006.
- Grand C., *Toi qu'on dit surdoué, la précocité intellectuelle expliquée aux enfants*, L'Harmattan, 2011.
- Grubar J.C., Duyme M., Côte S., *La précocité intellectuelle. De la mythologie à la génétique*, Mardaga, 1997.
- Guilloux R., *Les élèves à haut potentiel*, Retz, 2016.
- Halmos C., *L'autorité expliquée aux parents*, Nil Editions, 2008.
- Hart F., *Les doués à l'école*, Agence d'Arc, Montréal, 1991.
- Huerre P., LAMY A., *Je m'en fiche, j'irais quand même !*, Albin Michel, 2006.

- Kieboom T., *Accompagner l'enfant surdoué*, De Boeck Supérieur, 2011.
- Lalande L., *Réconcilier l'enfant surdoué avec l'école*, Eyrolles, 2015.
- Longhi G., Morris A., *Pas envie d'aller à l'école*, Édition de la Martinierte jeunesse, 2004.
- Louis J.M., *Mon enfant est-il précoce ?*, Interéditions, 2002.
- Louis J.M., Ramond F., *Scolariser l'élève intellectuellement précoce*, Dunod, 2007.
- Magnin H., *Moi, Surdoué(e) : de l'enfant précoce à l'adulte épanoui*, Jouvence, 2010.
- Merchat P., Chamont P., *La précocité intellectuelle et ses contradictions*, Champ Social, 2000.
- Miller A., *Le drame de l'enfant doué*, PUF, 1983.
- Miller A., *Le drame de l'avenir de l'enfant doué*, PUF, 1996.
- Nordmann J.L., *L'enfant surdoué : une proposition pédagogique*, Infolio, 2011.
- Papoutsaki P., *Enfant surdoué, adulte créateur*, L'Harmattan, 2006.
- Perrodin-Carlen D., *Et si elle était surdouée ?* SZH/CSPS, Lucerne, 2006.
- Petit Jaillet B., *Élèves précoces*, Tom Pousse, 2016.
- Piirto J., *Talented children and adults: their development and education*, Macmillan publishing Compagny, New York, 1994.
- Porter L., Gifted young children. *A guide for teachers and parents*, Open University Press, Buckingham, 1999.
- Renucci C., *Enfants surdoués : arrêtons le gâchis*, Bayard, 2008.
- Revol O., *Même pas grave ! L'échec scolaire, ça se soigne*, Lattès, 2006.
- Revol O., Poulin R., Perrodin D., *100 idées pour accompagner les enfants à haut potentiel*, Tom Pousse, 2015.
- Siety A., *Mathématiques, ma chère terreur*, Hachette, 2003.
- Siaud-Facchin J., *L'enfant surdoué, l'aider à grandir, l'aider à réussir*, Odile Jacob, 2002.
- Siaud-Facchin J., *Trop intelligent pour être heureux, l'adulte surdoué*, Odile Jacob, 2008.
- Siaud-Facchin J., *Mais qu'est-ce qui l'empêche de réussir ? Comprendre pourquoi, savoir comment faire*, Odile Jacob, 2015.
- Terrassier J.C., *Les enfants surdoués ou la précocité embarrassante*, ESF, 2011.
- Terrassier J.C., Guillou P., *Guide pratique de l'enfant surdoué*, ESF, 2011.
- Thoulon-Page C., De Montesquieu F., *La rééducation de l'écriture de l'enfant et de l'adolescent : pratique de la graphothérapie*, Elsevier Masson, 3e édition, 2015.

- Tiana, *Je suis un zèbre*, Payot, 2015.
- Tordjman S., *Aider les enfants à haut potentiel en difficulté*, PUF, 2010.
- Weismann-Arcache C., *Les surdoués, du bébé à l'adolescent, les destins de l'intelligence*, Belin, 2009.
- Winner E., Surdoués, *Mythes et réalités*, Aubier, 1996.

Articles et autres écrits

- Berney C., « L'adaptation psychologique et sociale des surdoués. Une articulation entre théorie et pratique », Mémoire de psychologie, Université de Lausanne, Faculté des Sciences Sociales et Politiques, 2001.
- Bersier M., Addor N., « Y a-t-il un surdoué parmi nous ? », in *Résonances* n° 4, Mensuel de l'école Valaisanne, p. 3-4., 2000.
- Betts G., Neihart M., « Profiles of gifted an talended », in *Gifted child quarterly*, vol. 32, 2, p. 248-253.
- Droehnlé-Breit C., « Fragilités identitaires chez l'adolescent à haut potentiel », in *Journal des Psychologues*, 235, p. 66-69, 2006.
- Droehnlé-Breit C., « Un enfant pas tout à fait comme les autres : l'enfant au fort potentiel intellectuel. À propos d'une carte d'identité possible », in *L'enfant différent*, Médecine Scolaire et Universitaire, Editions AFPSSU, p. 175-180, 2007.
- Fournier J.Y., « L'intelligence à l'école », in *Revue Science de l'Education*, n° 116, p. 34-36, 2001.
- Jankech-Caretta C., « Outils pour détecter les enfants à haut potentiel », in *Résonances* n° 4, Mensuel de l'école Valaisanne, p. 8-9, 2000.
- Massé L., « Adaptation socio-affective des élèves doués et relations avec les pairs », in *Revue canadienne de psycho-éducation* n° 30, p. 15-37, 2001.
- Mills C.J., Tissot S., « Identifying academic potential in students from underrepresented populations: is using the Raven's Progressive Matrices a good idea?, in *Gifted Child Qualterly* n° 39, p. 209-217, 1995.

Ressources utiles

Associations francophones

France

- Association française pour les enfants précoces (AFEP)
  www.afep.asso.fr
  L'AFEP consacre ses activités aux enfants précoces (ou surdoués) et apporte son aide aux parents et aux enseignants pour mieux comprendre ces enfants et prévenir l'échec scolaire et social. Elle est agréée par le Ministère de l'Éducation Nationale.

- Association pour l'Épanouissement des Enfants à Haut Potentiel Intellectuel (AE-HPI)
  www.ae-hpi.com
  Cette équipe de parents et professionnels de haut niveau a décidé de mettre ses diverses compétences en commun pour agir en faveur des enfants HPI.

- Association nationale pour les enfants intellectuellement précoces (ANPEIP)
  www.anpeip.org
  L'Association Nationale Pour les Enfants Intellectuellement Précoces est une fédération d'associations régionales oeuvrant pour la recon naissance des enfants intellectuellement précoces. Créée en 1971 par Jean-Charles Terrassier, l'ANPEIP a pour but de sensibiliser et d'informer parents et professionnels.

- Association de loisirs, de rencontre et d'éducation pour les enfants et les adolescents précoces (ALREP)
  www.alrep.org
  L'objectif de cette association loi 901 est de contribuer à l'acceptation et à l'éducation des enfants et des adolescents intellectuellement précoces en favorisant le développement de leur personnalité.

- Association d'aide, de documentation et de recherche pour adultes doués (AADRAD)
  www.aadrad.free.fr
- MENSA France
  www.mensa.fr
- Eurotalent
  www.eurotalent.org
  ONG dotée du statut participatif auprès du Conseil de l'Europe. L'organisation propose son aide dans différents domaines, comme le développement de moyens appropriés pour détecter les personnes à haut potentiel intellectuel, l'établissement de relations avec le monde socio-professionnel et les entreprises pour préparer l'intégration sociale et économique des jeunes surdoués...
- Je vais trop vite, SOS enfant surdoue
  sos.enfantsurdoue@laposte.net
  Association bretonne qui diffuse l'information sur la précocité auprès des parents, des enseignants et des médecins
- Centre Français de diagnostic et de prise en charge des troubles des apprentissages scolaires (COGITO'Z)
  Antennes à Marseille, Avignon et Paris.
- PREKOS
  www.prekos.fr
  Association nationale d'établissements privés catholiques accueillants des sections pour élèves à haut potentiel.

Belgique

- Douance.be
  www.douance.be
  Douance.be se propose de répondre à toute demande d'information et d'orientation, mais aussi de réconfort. Avant tout lieu de rencontre, d'écoute et d'échanges, mais aussi relais entre les personnes concernées et les professionnels de la santé et de l'éducation, douance.be essaie d'apporter un début de réponse à chacun.
- EHP-Belgique
  www.ehpbelgique.org
  EHP-Belgique est une association sans but lucratif. Depuis 2003, l'équipe, composée de parents et de professionnels de l'éducation et de la santé ouverts et motivés, met ses compétences en commun pour agir en faveur des personnes à haut potentiel intellectuel et les soutenir dans leurs démarches.

- AvanceToi
  www.avancetoi.be
  Une association qui propose notamment des stages pour aider les ados à haut potentiel à acquérir une méthode de travail.

Canada

- Mensa Québec
  www.mensa-quebec.org
  Mensa est une association internationale dont le seul critère d'appartenance est un score supérieur ou égal au 98e percentile à tout test standardisé et supervisé de QI. Mensa a pour buts essentiels d'identifier et de promouvoir l'intelligence humaine au bénéfice de l'humanité, d'encourager la recherche sur la nature, les caractéristiques et les emplois de l'intelligence, et de fournir un environnement intellectuel et social stimulant pour ses membres.
- Association for Bright Children Ontario
  www.abcontario.ca
  L'association ABC est organisée par province et regroupe des volontaires dédiés à informer et à soutenir les parents d'enfants à haut potentiel intellectuel. Elle fournit le soutien nécessaire auprès des écoles, des éducateurs, des autres professionnels ainsi qu'auprès du Ministère de l'Éducation canadien. Les informations en langue française restent toutefois limitées.

Suisse

- Association Suisse pour les Enfants Précoces (ASEP)
  www.asep-suisse.org
  L'Association Suisse pour les Enfants Précoces a été fondée en 1998 par des parents d'enfants à haut potentiel intellectuel. Le comité de direction est composé de parents bénévoles qui travaillent à la reconnaissance du haut potentiel intellectuel au même titre que sont reconnus les talents artistiques ou les aptitudes sportives. L'objectif est de faire en sorte que ces enfants puissent grandir selon leurs besoins et de favoriser leur épanouissement quel que soit leur environnement.
- Association Valaisanne de Parents d'Enfants à Haut Potentiel (AVPEHP)
  www.avpehp.ch
  Créée afin d'apporter une aide et un soutien aux enfants et aux parents concernés par le haut potentiel intellectuel et de répondre à leurs demandes, l'association a pour but de regrouper toutes les personnes physiques ou morales, ou les institutions concernées par la promotion et/ou la problématique des enfants à haut potentiel.

Webographie

- Enfants précoces info : www.enfantsprecoces.info/
  Site d'informations et d'échanges sur la précocité intellectuelle.

- Enfants-haut-potentiel.com : www.enfants-haut-potentiel.com
  Ce site est réalisé par des chercheurs membres de l'équipe « Cognition et Différenciation au cours de la vie », dirigée par le Pr Lubart, et est dédié à une approche scientifique des enfants et des adolescents à haut potentiel intellectuel.

- Enfants intellectuellement précoces sur les ailes : www.eip.surlesailes.com
  Site personnel d'une maman

- EEIP, Education des enfants intellectuellement précoces : www.eeip.free.fr
  Site qui propose de nombreux dossiers et liens vers différentes sources d'informations.

- Douance : www.douance.org
  Un site très complet rassemblant les documents sur les thèmes concernant l'intelligence, le Q.I. et l'éducation des surdoués.

- Pour devenir l'allié de son enfant : www.parents-as-allies.com
  Le site de Monique Kermadec.

- Planète douance : www.planète-douance.com
  Site de presse pour l'information et les échanges de connaissances sur le haut potentiel.

- Zebraclick : www.zebraclick.com
  Une communauté online par un zèbre pour les zèbres.

Table des matières

Sommaire 5

Remerciements 7

Prélude
Deux ou trois choses que je sais d'eux 9

Introduction 11
    Pourquoi ce choix ? 11
    Comment définir ce qu'il est convenu d'appeler le haut potentiel ? ... 13
    Un Q.I. élevé : de quoi s'agit-il ? 15

Chapitre 1   L'arrivée du zébreau 19
    Te voilà… 20
    L'arrivée dans la jungle… 20
    La vie dans la jungle 22
    École de la jungle ou jungle de l'école ? 23
        Un mot sur l'écriture 25
    Après et hors de l'école 28
    Carte d'identité du jeune zèbre 30

Chapitre 2   Le difficile métier d'élève de l'adolescent
              au fort potentiel 31
    Peut-on apprendre le métier d'élève ? 38
    Le rapport Delaubier et l'apprentissage du métier d'élève 41
    Les pistes d'une scolarité alternative 43

Chapitre 3 **L'autorité et la justice :
de subtils ingrédients pour se construire**...... 51
   Permettre à l'enfant de se laisser influencer par l'autorité !......... 52
   Pourquoi l'autorité est-elle mise en quarantaine
   dans certaines familles ?.................................... 54
   Que risque-t-il de se passer à l'adolescence
   quand l'autorité a été mise en quarantaine ?................. 56
   Ils en ont pourtant besoin, dites-le-leur !..................... 59
   « Je veux la justice ! »....................................... 62

Chapitre 4 **Le corps adolescent, ce mal aimé**............. 65
   L'adolescence et ses défis.................................... 65
   Et chez les zèbres ?... 66
   « L'important, c'est ce que j'ai dans ma tête ! »............... 67
   À quoi faut-il être attentif ?.................................. 70
      *Quand une grève de la faim à titre personnel s'impose
      comme unique moyen d'exister*............................ 70
      Faire saigner son corps pour exister........................ 74
      Trouer sa peau pour exister.............................. 77

Chapitre 5 **Les relations**................................. 79
   Touche pas à mon corps !................................... 79
   Prêt à tout pour savoir comment ça marche.................. 80
   Quand l'heure arrive de quitter les siens...................... 83
   Plutôt sous-doué en relation !................................ 83
   Un surinvestissement des relations virtuelles.................. 85

Chapitre 6 **Après la tempête, le calme ?**................... 87
   Le zèbre en hibernation ?................................... 88
   Repli ou pas, la vigilance est de rigueur !..................... 91

Chapitre 7 **Le zèbre face aux questions existentielles**..... 95
   Proposez des contenants !................................... 98
   Mettre les pensées sur pause et activer les actions !........... 100
   Des questions existentielles qui alimentent souvent la procrastination... 102

Chapitre 8 **D'où vient le haut potentiel et pourquoi
tous les zèbres ne se ressemblent-ils pas ?**.... 105
   Inné, acquis... d'où vient le haut potentiel ?.................. 106

    Tous à haut potentiel et pourtant tous différents............... 109
        L'élève qui réussit bien 110
        L'élève provocateur 111
        L'élève discret 112
        L'élève décrocheur 112
        L'élève à étiquettes multiples 113
        L'élève autonome. 114

Chapitre 9   Fragilités identitaires chez les adolescents à potentiel spécifique........................ 115

    Quelques idées reçues sur le caractère des ados à haut potentiel...... 117
        Pas paresseux, mais authentique et profond 117
        Pas immature, mais lucide et sensible. 119
        Pas « autiste » ou étrange, mais parfois solitaire 123
    Un Moi fragile.. 124
    Recherche désespérément identité................................ 125
    Une image de soi dépréciative................................... 126

Chapitre 10   Dresser ou apprivoiser le zèbre ? À propos d'un coaching possible............ 129

    Dur, dur d'être parent ?... 130
    À quoi s'attendre lors d'une prise en charge thérapeutique ?........ 132
    Enseignants, rassurez-les !...................................... 133
    En résumé 136

Postface
    Que sont-ils devenus ?... 139

Annexe A... 141
    Tableau de correspondance des classes d'âge
    dans les systèmes scolaires francophones 141

Annexe B... 143
    Autoportraits de zèbr'ados...................................... 143

Annexe C... 145
    La prise en charge thérapeutique au cabinet Psy n Co 145

Bibliographie 149

Ressources utiles... 153

L'auteure

Corinne Droehnlé-Breit est docteure en psychologie et psychologue de l'enfance et de l'adolescence, diplômée de l'université Paris V – Sorbonne. Pratiquant en libéral depuis plus de 25 ans, elle anime très régulièrement des conférences autour des thèmes de la précocité, de la gémellité, de l'éducation, de l'adolescence, participe à des émissions télévisuelles et est l'auteure de différents ouvrages et de nombreux articles.
En 2012, elle a créé le cabinet Psy n Co, une structure inédite en France, où elle s'est entourée de collaborateurs dont les compétences complètent et améliorent sa propre pratique. C'est ainsi qu'une diététicienne, une sophrologue, une graphothérapeute, un ostéopathe et une conseillère en image œuvrent autour et avec Corinne Droehnlé-Breit, afin de permettre aux consultants de bénéficier de regards croisés sur leurs difficultés et de les lever plus efficacement.